Über den Autor:

Thomas Hermanns, Jahrgang 1963, ist Fernsehmoderator, Entertainer, Drehbuchautor, Regisseur und Gründer des Quatsch Comedy Clubs, mit dem er einen entscheidenden Beitrag zur deutschen Stand-up-Comedy leistet. Für sein Werk wurde er unter anderem mit dem Deutschen Comedypreis, der Goldenen Kamera, dem Live Entertainment Award und dem Bayerischen Fernsehpreis ausgezeichnet.

THOMAS HERMANNS

ASTROLOGIE

VERBOTEN gut!

Besuchen Sie uns im Internet:
www.knaur.de

Aus Verantwortung für die Umwelt hat sich die Verlagsgruppe
Droemer Knaur zu einer nachhaltigen Buchproduktion verpflichtet.
Der bewusste Umgang mit unseren Ressourcen, der Schutz unseres
Klimas und der Natur gehören zu unseren obersten Unternehmenszielen.
Gemeinsam mit unseren Partnern und Lieferanten setzen wir uns
für eine klimaneutrale Buchproduktion ein, die den Erwerb von
Klimazertifikaten zur Kompensation des CO_2-Ausstoßes einschließt.
Weitere Informationen finden Sie unter: www.klimaneutralerverlag.de

Originalausgabe Oktober 2021
Knaur Taschenbuch
© 2021 Knaur Verlag
Ein Imprint der Verlagsgruppe
Droemer Knaur GmbH & Co. KG, München
Alle Rechte vorbehalten. Das Werk darf – auch teilweise –
nur mit Genehmigung des Verlags wiedergegeben werden.
Redaktion: Carolin Schreiber
Covergestaltung: Isabella Materne
Coverabbildung: Thomas Kierok
Satz: Daniela Schulz
Druck und Bindung: CPI books GmbH, Leck
ISBN 978-3-426-79133-2

2 4 5 3 1

*»Ein Arzt ohne Kenntnis der Sterne
hat kein Recht, sich Arzt zu nennen.«*

Hippokrates

VORWORT

Verboten gut: Wie kann etwas gut und gleichzeitig verboten sein? Im Englischen gibt es für dieses Gefühl den schönen Begriff des *guilty pleasure*. Ein Vergnügen, bei dem man sich schuldig fühlt. Aber wie kann das sein? Wieso kann ein Vergnügen Schuldgefühle hervorrufen? Nun, dieser Zustand tritt dann ein, wenn die Gesellschaft oder das Umfeld, in der oder dem man lebt, einem suggeriert, dass das Vergnügen, an dem man sich gerade erfreut, etwas Schlechtes, Böses oder Gemeines ist: etwas, bei dem man kein Vergnügen empfinden dürfte.

Für das Jahr 2021 könnten das etwa diese Aktivitäten sein: rauchen, die Bigamie oder ein Eis namens Flutschfinger. Da taucht vor dem inneren Auge sofort das Bild eines sexistischen, qualmenden Machos auf, der zwei Frauen geehelicht oder ihnen die Ehe versprochen hat. Während er an einem phallischen Stieleis lutscht. Sabbernd, ekelhaft. Früher nannte man so jemanden noch Playboy, und Gunter Sachs machte eine ganze Karriere daraus. Ansichten ändern sich mit der Zeit. Gerade das Rauchen war einst der Inbegriff lässiger Lebensführung irgendwo zwischen Cowboy und Pariser Bistro. Meine Generation wuchs noch in Autos auf, in denen die Eltern vorne bei geschlossenen Fenstern qualmten, und wir hinten – am Eis lutschend – überlegten, was ein Flutschfinger sein könnte. Heute nicht mehr denkbar, die Entschuldigung der Erwachsenen für ein »Rauchen im Auto ist ein Vergnügen, bei dem ich mich schuldig fühle – aber ich tue es trotzdem!«, heute nicht mehr vertretbar, sondern justiziabel. Und so ändern sich die Schuldsprüche und Verbote der Zeit zu den jeweiligen »verboten guten« Vergnügungen: angefangen bei Plateauschuhen, über Concorde-Flüge bis zu Sangria-Eimern. Es ändert sich.

Als ich vom Verlag auf die »Verboten gut!«-Reihe aufmerksam gemacht wurde, war mir wichtig, etwas zu finden und mich zu etwas zu bekennen, dessen moralische Bewertung nicht dekadenhaft wechselt, sondern ein Vergnügen, das schon über Jahrhunderte hinweg beim heimlichen Fan ein leichtes, schamvolles Bauchgrummeln hervorgerufen hat: ein Vergnügen mit zeitlos garantiertem Schuldgefühl quasi. Also keine Boybands, ein VoKuHiLa oder Liberace, sondern etwas, das ein denkender und vernünftiger Mensch zu keiner Zeit zugeben darf und durfte. Etwas, das schlimmer ist als Modern Talking. Schlimmer als Imelda Marcos. Und so kam ich auf meine große und bis heute ungetrübte Liebe zur Astrologie.

Seit ich denken kann, liebe ich Astrologie – besonders das Reden über die verschiedenen Sternzeichen und die damit verbundene Typisierung der Menschen. Ich bewege mich bei dieser Diskussion immer auf dem absoluten Amateurlevel, gehe nie in die Tiefe der Planetenkurven oder Mondphasen, sondern ich liebe ausschließlich das Gefühl, dass Menschen, die zu einer bestimmten Zeit geboren wurden, bestimmte Charaktereigenschaften – im Guten wie im Bösen – besitzen. Was natürlich jeder wissenschaftlichen Grundlage entbehrt, jeden rationalen Menschen auf die Palme bringt und bei Leuten, die wissen, dass ich auch hochintellektuelle Debatten durchaus schätze, oft auf Verwunderung stößt.

»Du magst also Roland Barthes UND Elizabeth Teissier?«, fragen mich verwirrte Freundinnen und Freunde immer wieder. »Absolut«, antworte ich dann fröhlich, »beide besitzen trotz ihrer grundlegenden Fragestellungen an die Welt eine französische Leichtigkeit und Charme im Denken, eine elegante Erscheinung und eine treue Gefolgschaft (Elizabeth Teissier natürlich noch mehr als Roland Barthes).«

Aber, um das gleich klarzustellen: Ich *glaube* nicht an Astrologie, ich *spiele* gerne mit ihr. Astrologie ist für mich wie Champagner, sie schmeckt, sie regt an und führt zu tollen Partys und Gesprächen an der Bar. Jedenfalls mit den richtigen Leuten. Bei den falschen ist sie aber auch ein perfektes Warnsignal, denn jeder Mensch, der das Thema Astrologie kategorisch ablehnt, ist für mich ein klarer Langweiler. Natürlich ist da nichts bewiesen, natürlich ist das alles nicht wichtig, aber deshalb macht es ja auch gerade so einen Spaß! Wie herrlich, den immer schlecht gelaunten Chef mit dem Satz »Ist ja auch ein Steinbock!« zu definieren! Wie toll, die Walgesänge-Performance einer befreundeten Künstlerin mit dem Wissen »Ist eben ein Krebs« durchzusitzen! Und wie wunderbar, bei Stieren kurz über den leicht rechthaberischen Verlauf des Flirts hinwegzusehen und sich auf eine sehr annehmbare Performance beim Sex zu freuen! Es geht mir beim Thema Astrologie um einen spielerischen Umgang mit der Welt, darum, sie – mit den scheinbar ewig gleichen Kategorien – ein Stück weit erfreulicher zu machen. Scheinbar geordneter, scheinbar logischer. Denn dann fühle ich mich im ewigen Chaos einen kurzen Moment lang wissender und optimistischer, als es die Lage tatsächlich hergibt. »Ach so, David Hasselhoff ist Krebs! Deshalb merkt er seit 20 Jahren nicht, dass seine Karriere vorbei ist!« Sofort ist das Leben leichter. Zumindest für einen Fisch wie mich.

Astrologie ist für mich also ein Partyspiel. In diesem Buch bekommen Sie, neben meinen persönlichen Erfahrungen mit dem Thema, neben kleinen Anekdoten und Vermutungen, quasi die Spielkarten erklärt und in die Hand gedrückt. Am Schluss können Sie an jeder Bar und auf jeder Party ein attraktives Gegenüber mit meinem gesunden Halbwissen in den Bann ziehen. Von nun an können Sie, auch ohne langes Durchforsten von dicken Wälzern oder drögen Internetseiten, mitspielen. Meine Message ist: The stars are fun! Let's play!

GUTE ASTRO,
SCHLECHTE ASTRO

Ein klassisches Argument der Astrologiegegner, das ich trotz meiner Liebe zum Sujet gut nachvollziehen kann, sind schlechte Horoskope. Die klassischen Seitenstreifen in Illustrierten und Wochenendzeitungen, die klare Tipps geben, was der Tag oder die Woche so bringen wird. Nach dem Motto »Widder: Diese Woche schenkt dir ein Stier-Mann eine Rose, Liebe liegt in der Luft«. Was für einen heterosexuellen Widder, wie zum Beispiel Helmut Kohl, sicher überraschend gekommen wäre. Oder »Es regnet Geld, liebe Stiere!«, was die Obdachlosen unter den Stieren zu Recht nicht nur nervt, sondern sogar richtig ärgert. Womöglich gibt es deshalb auch nie Horoskope in Obdachlosen-Zeitschriften. Die Sterne sind dir wurscht, wenn du in Not bist. Ein schlechtes Horoskop *dieser* altmodischen Art – à la »Morgen begegnet Ihnen ein dunkelhaariger Mann auf einem Pferd« – ist wie ein Schlag ins schlaue Gesicht. Es ist so offensichtlich, dass diese »eindeutigen« Vorhersagen nicht für alle zutreffen können (»Für Zwillinge bringt das Ende des Jahres 2020 große Umwälzungen mit sich« stimmte etwa für Donald Trump, aber nicht für Heidi Klum, die im November und Dezember wahrscheinlich nur tagelang müde überlegte, ob sie vielleicht doch mal mit Henna einen Drachen auf Toms Rücken malen sollte). Diese schlecht gemachten Horoskope haben auch mir jahrelang das Thema Astrologie verleidet. Das war nun alles wirklich zu blöd. Ehen, so hieß es, bahnten sich an für schon Verheiratete, ein dunkler Schatten zog auf für fröhlich

Entspannte, und ein dunkles Geheimnis sollte sich bei Leuten zeigen, die viel zu faul für Geheimnisse waren. Das konnte nun alles wirklich nicht sein.

Wenn man die Horoskope einzelner Publikationen trotzdem vergleicht, gibt es einige interessante Unterschiede. Lustig ist, wie das vermeintliche Interessensgebiet der potenziellen Kundin (Horoskope in Männermagazinen sind so häufig wie Berichte über Sahara-Rallyes bei den Damen) in das jeweilige Horoskop »eingearbeitet« wird. Klassisch ist zum Beispiel beim »BRAVO GiRL!«-Horoskop immer ein »süßer Boy« in der Nähe, während bei der »Apotheken Umschau« oder anderen medizinischen Beilagen die Sterne immer zu mehr Sport und Bewegung raten. Auch die Fotos der »Geburtstagskinder der Woche« werden gern auf die Leserin abgestimmt, sodass in der »BUNTE« natürlich immer Uschi Glas der »Fisch der Woche« sein darf, in der »SUPERillu« hingegen André Stade. Das »SUPERillu«-Horoskop mag ich persönlich ganz gerne, weil dort immer ein sehr praktischer Ton herrscht: Steinböcke sollen dann etwa »die Küche streichen oder den Keller entrümpeln«, Schützen »Versicherungen und Anlagen abschließen«, für den Widder lassen sich »auch Behördengänge einfacher regeln«. Soll noch jemand sagen, dass Astrologie abgehoben ist! In der »Brigitte« merkt man dafür immer das Fitness- und Gesundheitsbewusstsein der Leserin: Die Schütze-Frau soll sich zum Beispiel um »Fitness- im Wechsel mit Entspannungseinheiten bemühen, also mal das Work-out, mal die Meditation«. Da räumt die »SUPERillu«-Leserin noch einfach den Keller auf. Die unbezähmbare »inTouch« bemüht sich, auch im Horoskop den jugendlich-flotten Slang ihrer Leserinnen – oder soll man sagen: Userinnen – zu treffen. Für den Stier gilt dann etwa:

»Gönn dir Me-Time. Die pusht und schenkt gute Laune.«
Oder für den Fisch so etwas wie: »Es prickelt heftig und dir
machen Zukunftsplanungen Fun. Dabei faszinierst du realistisch« (was immer das bedeutet …). »Tough regelst du Wichtiges im Job.«

Bei täglichen Horoskopen in Boulevardblättern, wie dem
»Berliner Kurier«, bleibt oft einfach nicht viel Platz. Hier
muss Astrologin Anastacia Kaminsky schnell zur Sache kom-
men und bleibt deshalb oft mitten im Gedanken stehen:
»Schütze: Greifen Sie zu. Sie treffen endlich jemanden, dem
Sie die ganze Welt zu Füßen legen wollen. Das ist etwas ganz
Schönes.« Etwas *ganz* Schönes? So wie in etwas *besonders*
Schönes? Oder in etwas *relativ* Schönes? Die Sterne, Frau Ka-
minsky und die Schlussredaktion verraten es nicht.

Ich bin immer sehr amüsiert, wenn in einer scheinbaren Voraussage etwas so Allgemeines steht, dass es wirklich für *jedes*
Sternzeichen gelten kann. Wenn also gar nichts Spezifisches
dabei rumkommt. So zum Beispiel bei diesem Stier-Horo-
skop aus »7 Tage« im Februar 2021: »Die Corona-Einschrän-
kungen haben bei vielen Menschen dazu geführt, mehr über
sich und ihre Lebensumstände nachzudenken (ach was).
Uranus in Ihrem Horoskop unterstützt solche Gedanken
noch zusätzlich, denn er zeigt Ihnen an, dass sich in Ihrem
Leben etwas drehen soll (immerhin). Welchen Bereich das
betrifft, hängt von Ihrem persönlichen Horoskop ab (lese ich
das nicht gerade?!). Aber egal, wo sich langsam etwas Neues
entwickelt, Sie können ihm freudig entgegensehen!« Wohl
eher der nächsten Ausgabe von »7 Tage« für 1,89 Euro mit
dem »Null Bock«-Horoskop!

Eine Klasse für sich (wie auch die Zeitschrift selbst) war immer das »Vanity Fair«-Horoskop, das leider inzwischen nicht mehr im gedruckten Heft steht. Dieses Horoskop war immer so elegant und witzig, dass es damals einen großen Teil meiner Astrologiebegeisterung begründet und mir gezeigt hat, dass auch intelligente Leute Horoskope lesen dürfen. Weil offensichtlich sehr intelligente Menschen es verfasst haben! Der Stil war episch und witzig – und es ging stets um die ganz großen Dinge. Hier ein perfektes Beispiel von Michael Lutin vom 6. Dezember 2006 über das Sternzeichen Amerikas:

»Amerikas Geburtstag ist der 4. Juli 1776, als die Gründerväter entschieden, es sei an der Zeit, sich von England zu trennen und ein neues, unabhängiges Leben zu beginnen. Das macht Amerika zu einer Krebs-Nation. Krebs ist das Sternzeichen der Fruchtbarkeit, und Amerika sieht sich selbst als die nährende Mutter dieser Welt. Doch durch die feindselige Präsenz des Mars und Uranus im 12. Haus sind wir die Art von Mutter, die an einem Tag ein Land zerbombt und am nächsten Tag Kaffee und belegte Brötchen vorbeischickt. Das führt dazu, dass der Rest der Welt uns liebt und uns hasst. Wir sind wie der reiche Verwandte, den jeder beneidet, aber den man trotzdem an Feiertagen besucht, weil es immer und viel zu essen gibt. Es ist der aufrichtige und bewusste Wunsch eines jeden Krebses, und das schließt die USA mit ein, dass alle in ihrer Obhut sicher und geborgen sind – und wenn du es dir mit ihr verscherzt, stell dich auf einen Besuch der Special Forces ein.«[1]

Das ist das Gegenteil vom »Berliner Kurier«.

1 Quelle: https://www.vanityfair.com/news/2006/12/lutin200612

Aber trotz dieser »Vanity Fair«-Brillanz: Horoskope machen die Astrologie eigentlich immer verdächtig, besonders, wenn man die unterschiedlichen Voraussagen etwa für den Löwen in derselben Woche vergleicht:

»Möglicherweise sind Sie gerade im Tal der Verwirrung unterwegs.« (»SUPERillu«)

»Viele positive Einflüsse strömen jetzt auf Sie ein.« (»Berliner Kurier«)

»Bleib dran, und wenn es sich lohnt, nimm Hilfe an.« (»inTouch«)

»Jetzt steht alles unter einem guten Stern.« (»BUNTE«)

»Zeigen Sie, was Sie ausmacht, was Ihnen am Herzen liegt, das würde Ihre Stimmung aufhellen.« (»Brigitte«)

»Gesundheitlich befinden Sie sich in einer Vorsichtsphase, Mars rät Ihnen, langsam zu machen.« (»7 Tage«)

Was nun tun, lieber Löwe?

Zu der allgemeinen Angreifbarkeit meines *guilty pleasures* durch Horoskope kam in den letzten Jahren noch ein absolutes Totschlagargument der Gegenseite dazu: »Astro TV«. »Astro TV« ist eine ganz eigene Welt und einen kurzen Abstecher weg von meinem fröhlichen Partyspiel-Ansatz absolut wert.

ASTROLOGIE UND TV

Der private Fersehsender »Astro TV« wird seit 2004 betrieben und sendet seitdem 24 Stunden am Tag. »Astro TV« macht einen Jahresumsatz von rund 90 Millionen Euro und ist eine inhaltliche, moralische und stilistische Vollkatastrophe. »Astro TV« ist die fiese schwarze Warze am Hintern der Mediengesellschaft. Wer »Astro TV« nie gesehen hat (tut nicht so, es gibt nicht viele …), hier eine kurze Beschreibung: An einem Tisch im Gesamtmaterialwert von schätzungsweise 30 Euro sitzen Menschen, die der Gesellschaft, der Rationalität, dem gesunden Menschenverstand und den erprobten Frisur- und Make-up-Trends offensichtlich den Rücken gekehrt haben. Kennen Sie solche Leute, die manchmal vor Supermärkten auf Bänken sitzen, aber nicht obdachlos sind, sondern nur zu viel Zeit haben und vor sich hin reden? Menschen, die sich in Bus und Bahn immer schnell ans Fenster setzen und gebannt rausschauen, obwohl da nix ist außer Regen und Vorstadt? Menschen, die früher bei den Zeugen Jehovas waren und dann bei der Marktforschung oder umgekehrt? Die an der Supermarktkasse minutenlang Pfennige suchen? Die immer noch Pop-Hits von 1975 pfeifen, zum Beispiel »Paloma Blanca«? Die Lidl zu schick finden? Die Keramikeulen lieben? Solche Menschen sitzen bei »Astro TV« im Bild. Aber das wäre ja nicht das Schlimmste, tun sie das ja im Reality-TV auch, nein, sie sitzen da und – jetzt kommt es – haben KONTAKT ZUM JENSEITS. Sie können MIT GEISTERN REDEN. Und vor allem: SIE KÖNNEN DIR SAGEN, WAS DIE ZUKUNFT BRINGT. Diese Leute, die bei jeder Damen- oder Herrenwahl ihres Teenie-Tanzkurses bis zum Ende sitzen geblieben sind, sind DIE ESOTERISCHEN HEROLDE UNSERER ZEIT. Wenn man eine Zivilisation an ihren Priestern bewerten kann, lachen sich gerade ein paar prächtig geschmückte Azteken-Priester im Jenseits in ihre Fernbedienungen.

Und wie kommen diese Stil-Zombies nun mit dem Jenseits in Kontakt? Grob gesagt: mit allem, was im Haushalt so übrig geblieben ist. Mit einem Kartenspiel (ganz klassisch), aber auch mal mit Wassergläsern oder drei Bindfäden. Sie können immer alles sehen, was die zahlende Anruferin interessiert (es sind leider doch meistens Frauen), es dauert nie länger als 30 Sekunden und schon ist wieder mal alles klar: Es wird besser, *noch* nicht besser oder *immer noch* nicht besser, ein großes Geschenk kommt an, ein Mann steht vor der Tür oder eine Kollegin hat was vor. Aufgelegt und abkassiert. Nächster Fall – und in diesem Fall wortwörtlich, denn die einsamen Menschen, die abgezockt werden, werden vielleicht sogar noch süchtig nach diesem Mumpitz.

All das ist Unfug, nahe am Rande der Legalität und zieht das Wort Astro in den Sumpf. »Astro TV« hat so viel mit Astrologie gemein wie »Beate-Uhse.TV« mit echtem Sex. Mit einem Unterschied: Nach dem Genuss einer Sendung des »Beate-Uhse.TV« geht es einem vielleicht sogar besser, und der Mann mit dem großen Geschenk stand zwar vielleicht nicht vor der Tür, dafür aber deutlich im Bild.

Und natürlich vermiest mir »Astro TV« regelmäßig den Einstieg in ein schönes Sternzeichen-Partygespräch … »Glaubst du etwa an so was wie ›Astro TV‹?« Natürlich nicht. An »Astro TV« kann man nicht glauben, man kann es nur per Gesetz regulieren (wie die gerechtigkeitsliebende Jungfrau) oder darin investieren (wie der zynische Löwe).

Wie anders war das noch früher, als es »Astro TV« noch nicht gab, aber die »Astro Show«! Die »Astro Show« in der ARD (!) war Astrologie in *meinem* Sinne: eine bunte, funkelnde, sich nicht ganz ernst nehmende große Fernsehshow, präsentiert von der großartigen Elizabeth Teissier. ET (Ein Zufall? Eine Außerirdische?) war glamourös, elegant, souverän. Der gesamte Jahres-Styling-Etat von »Astro TV« (falls es den überhaupt gibt) hätte nur für einen halben Rock von ET gereicht. Und ETs Röcke waren sowieso schon oft nur halb, um ihre fantastischen Beine in Szene zu setzen. ET war von der Venus. Und ich liebte sie. Sie sah aus wie ein Popstar – ein bisschen Milva, ein bisschen Raffaella Carrà. Glitzerohrringe. Viel Haar. Und dazu die schöne »Waber-Musik« von Klaus Doldinger. Obwohl die Sendung damals keiner guckte, hatte ich Spaß an den Beschreibungen der Eigenheiten der Sternzeichen und den albernen Spielen drum herum. So machte mir Astrologie Spaß – als buntes, fröhliches Gerate, und nicht als Pseudowissenschaft mit Abzockgarantie.

Wo wir gerade schon beim Thema Glamour sind: Auch Walter Mercado ist unbedingt eine YouTube-Recherche wert! Der Astro-Liberace Südamerikas machte auch in den USA in den 80ern eine Riesenkarriere und brillierte im Las-Vegas-Style, mit großem Cape und unverhohlener Tuntigkeit. An absurden Sets moderierte er in Glitzerroben, traf Voraussagungen und beendete jede Sendung mit dem Kultgruß »Mucho mucho amor!«. Walter schenkte Liebe und Sterne. Und das – wie ET – im ganz großen Showformat. So soll das sein!

Was ich auch an diesen direkten Voraussagungen, wie »Morgen bekommen Sie Geld geschenkt«, hasse: Ich glaube so etwas viel zu leicht! In den Händen von Wahrsagerinnen und Wahrsagern bin ich nämlich Wachs, und ich gehe deshalb nie zu jemandem mit einem Souterrain mit Sternenvorhang und einer Kugel oder einem Tarotspiel, weder auf einem Jahrmarkt noch in Amsterdam oder Bangkok, weil ich das alles immer viel zu sehr glaube. Und das hat seinen Grund ...

HEXE HERB

Ich habe mir einmal in New York, wo ich nach meinem Studium wohnte, Handlesen lassen. Und zwar nicht von einer murmelnden Frau mit Glitzerkopftuch, so wie Whoopi Goldberg in »Ghost«, von denen es in Downtown New York damals immer noch ziemlich viele gab … Sondern, weil ich hip und modern war, von einem Freund eines Freundes, der laut besagtem Freund mediale Kräfte hatte und so etwas konnte. Er hieß Herb, und ich traf ihn eines frühen Abends in einem hippen Lokal für zwei Martinis, was mein Vertrauen in die Kunst des Handlesens noch bestärkte. Herb war ein hübscher junger Mann, freundlich, fast ein bisschen schüchtern, und ich fasste das ganze Thema – wie immer – als Partyspiel auf und nicht als ernst zu nehmende Sache. Er nahm nach den beiden Martinis und einem freundlichen Gespräch über die sich damals duellierenden Transen-Diven von Downtown (RuPaul versus Conny Girl) meine Hand, untersuchte die Linien und starrte vor sich hin. Meine allgemeine Fragestellung galt meiner Zukunft, nicht mehr und nicht weniger.

Was ich mir denn wünschen würde, fragte Hexe Herb sanft. Ich, wie immer nicht unbescheiden, antwortete: »Einen Mann und ein Haus am Meer!« Vielleicht ein bisschen viel verlangt, aber in New York lernte man, hoch zu träumen.

Herb starrte wieder auf meine Handflächen, und ich spürte schon den nächsten Martini kommen, als er schließlich sagte: »Den Mann sehe ich. Er heißt Stephen. Und das Haus auch – aber es wird nicht am Meer sein, sondern an einem See.«

Er schloss meine Hand, und das war es. Ich bedankte mich, zahlte 20 Dollar Gage, und Hexe Herb ging freundlich von dannen. Und ließ mich mit dröhnendem Kopf zurück: Stephen? Ich kannte keinen Stephen. Ich ging sicherheitshalber alle meine New Yorker und die deutschen Kandidaten durch. Vielleicht ein Stefan? Eine amerikanische Hexe konnte vielleicht den deutschen Namen Stefan nicht genau erkennen. Aber da gab es auch nur einen einzigen: einen guten Freund von mir, doch ohne jegliche erotische Konnotation. Musste ich jetzt etwa mit meinem guten Freund Stefan schlafen, um Herbs Voraussage zu erfüllen? Schwierig. Und was war mit meinem Haus am Meer? Das müsste doch nun wirklich möglich sein. Irritiert schloss ich die Handlesen-Akte und sagte mir, dass ein rationaler Mensch eben nicht an solchen Unfug glauben sollte, selbst wenn er in einer so freundlichen Gestalt daherkam und von guten Freunden empfohlen worden war.

Schnitt.

Es ist Jahre später und ich habe einen reizenden Wolfgang geheiratet. Wir wohnen in Berlin und beschließen eines Tages, uns mal im Umland nach einem gemeinsamen Domizil umzuschauen. Ich gucke im Internet und finde ein Haus, das mir gut gefällt ... an einem See. Kurz vorher hatten wir uns auf Ibiza viele Häuser mit Meerblick angeschaut, doch uns hatte nichts überzeugt. Dieses Haus jedoch war unseres – das spürten wir beide –, und es wurde es auch. Wir zogen ein, feierten fröhlich den Einzug, und irgendwie musste ich an unserem ersten Abend im neuen Heim an die Hexe Herb denken.

»Wie lustig«, sagte ich zu Wolfgang, »das mit dem Haus am See ist nun wahr geworden. Aber meinen alten Freund Stefan habe ich nicht geheiratet, sondern dich, einen Wolfgang.«

»Na ja« sagte mein Mann, »immerhin ist mein zweiter Vorname ja Stefan ...«

Ich dachte, ich drehe durch! Daran hätte ich im Leben nicht gedacht. Und es war doch völlig logisch, dass New Yorker Hexen in deutschen Händen bei zwei Namen eben besser den »Stefan« entziffern können als den fremdartigen »Wolfgang«. Hier saß ich also mit meinem Stefan im Haus am See. Dachte daran, dass das tatsächlich alles wahr geworden war, und machte Martinis zu Ehren von Hexe Herb.

Seitdem gehe ich nicht mehr zu Menschen, die direkte Voraussagungen anbieten. Es könnte ja wirklich eintreffen, und da hatte ich nun beim ersten Mal so viel Glück gehabt, dass ich das nicht noch mal riskieren wollen würde.

Man stelle sich vor, die nächste Hexe würde »Mirko« und »Marzahn« voraussagen ... Da hätte ich dann den Salat.

ASTRO TRIVIA

Dass ich nicht alleine mit meiner heimlichen Liebe bin, weiß ich, weil die Astrologie immer wieder in Produkten der Popkultur auftaucht. Als Disco-Fan kommen zum Beispiel im Album »Zodiac Lady« der Disco-Queen Roberta Kelly gleich zwei meiner Lieben zusammen. 1977 von Donna Summers Produzent und der heutigen Legende Giorgio Moroder produziert, enthält es so flotte Titel wie »Funky Stardust«, »Love Sign« und »I'm a Sagittarius«.

Wenn ein DJ mich glücklich machen will, legt er einfach den Astro-Kracher »Zodiac« auf! Aber auch andere Pop-Größen haben bereits die Sterne besungen: Diana Ross & The Supremes mit »No Matter What Sign You Are«, R.E.M. mit »Saturn Return« und Janis Joplin mit »Half Moon«. Zum größten Astro-Hit »Aquarius« von The 5th Dimension (!) kommen wir passenderweise im Kapitel zum Wassermann.

Auch im Film gibt es lustige Astro-Bemerkungen, in so unterschiedlichen Werken von »The Texas Chainsaw Massacre« bis »Before Sunrise«. Meine liebsten Erwähnungen finden sich aber in »Endstation Sehnsucht« (Blanche/Vivien Leigh fragt Stanley/Marlon Brando nach seinem Sternzeichen: Er ist Steinbock, sie Jungfrau, das wird also böse enden. Und das tut es ja auch …) und in »Sunset Boulevard« (Norma Desmond: »Mein Astrologe hat mein und DeMilles Horoskop gelesen!« Joe Gillis: »Ja, aber hat er das Skript gelesen?« Filmdiva Norma glaubt den Sternen, aber leider nützen sie ihr am Ende nichts. Der Film vom Löwen DeMille und Skorpion Norma wird nie gedreht ...).

Der sogenannte »Zodiac Killer«, der zwischen 1968 und 1969 in San Francisco sieben Menschen umbrachte und dessen Geschichte mehrmals verfilmt wurde (unter anderem von David Fincher), ist hingegen ein eher gruseliges Beispiel für einen Astro-Bezug.

Ein fröhlicheres Kapitel der Astro-Kultur stellen die vielen, vielen, vielen Produkte zur Astrologie dar, die inzwischen den Markt überschwemmen. Es gibt inzwischen wirklich ALLES mit Sternzeichen drauf, und, nein, ich kaufe diese Dinge auch nicht. Aber der riesige Markt dafür gibt mir immer wieder das Gefühl, nicht allein mit meiner bekloppten Leidenschaft zu sein. Deshalb hier meine Top drei:

Platz 3:
Die Damenunterwäsche der Firma »Parade« mit Sternzeichen drauf. Wenn der Flirt bei diesem Anblick erst merkt, mit welchem Zeichen er es zu tun hat, ist es meiner Meinung nach schon zu spät ...

Platz 2:
Die »The Zodiac Bitch Candle« von Malicious Women Candle Co. für das selbstbewusste junge Astro-Fangirl, wie das Modell Steinbock mit der Aufschrift »We get shit done!«.

Platz 1:
Der Make-up-Tattoo-Stempel mit Sternzeichen von Milk. Drück dir dein Zeichen ins Gesicht – ich würde dich dann auf jeden Fall ansprechen!

Fazit:

Ich bin also nicht alleine mit meinem *guilty pleasure,* und Sie, liebe Leserinnen und Leser, auch nicht! Das gibt uns jetzt allen ein gutes Gefühl, und damit kann es nun weitergehen mit unserem schuldigen Vergnügen!

SPIELANLEITUNG, KALENDER-CHECK UND DER GROSSE ASZENDENTEN-TRICK

Ich fuhr einmal mit meiner lieben Agentin (Sternzeichen Krebs) mit dem Zug zu irgendeinem Arbeitstermin, und wir diskutierten fröhlich über die Sternzeichen von Promis und Bekannten. Es ging, wie so oft, darum, dass ich zusammen mit Barbara Schöneberger (die auch die Klientin meiner Agentin ist) und Naddel Geburtstag habe und um die Frage, was wohl bei Naddel schiefgelaufen war.

»Es ist das Traumpotenzial der Fische«, deklarierte ich, so, als ob ich mich wirklich auskennen würde. »Naddel glaubt an den großen Promi-Traum, auch wenn sie sich die Brüste wiegen lässt oder am Ballermann für Kost und Logis ihr Vollplayback vertanzt – sie glaubt an ihre Berühmtheit. Barbara und ich haben, Gott sei Dank, den ganzen Kram schon durchschaut – durch gutes Management und unsere Aszendenten –, aber Naddel ist gefangen in dem großen Fische-Hollywood-Traum. Sie sieht sich als Star, und nichts kann das in ihrem Kopf ändern, auch nicht Peter Zwegat.«

Wir waren uns einig und wollten gerade zu anderen Promi-Fischen übergehen, als der Herr, der mit uns im Abteil saß, seine Zeitung sinken ließ.

»Es tut mir alles in der Seele weh, was ich höre«, sagte er lächelnd und freundlich, »aber ich bin Astrophysiker, und nichts von dem, was Sie sagen, ist irgendwie real.«

Wir kamen ins Gespräch, und nachdem er unser fröhliches Partyspiel verstanden hatte und uns glaubte, dass ich nicht auf dem Weg war, bei »Astro TV« anzuheuern, packte ich meine Allzweckwaffe für solche Situationen aus: den KALENDER-CHECK. Ich empfehle ihn immer, und auch jetzt, während Sie das hier lesen, können Sie parallel mitmachen. Er geht so: den Jahreskalender in Papierform oder digital öffnen und die Geburtstage von Freunden und Bekannten scannen.

»Kann es sein«, warf ich mich in die Pose des fröhlichen Astro-Fans, der nun das Herz eines Astrophysikers zu erobern hatte, »dass sich die Geburtstage der Freunde und Bekannten in manchen Monaten häufen und man in anderen gar keine Geschenke kaufen muss? (Bitte jetzt im Kalender überprüfen!) Ich zum Beispiel bin im Juni bei den Zwillingen und im September bei der Jungfrau im Geschenkestress, überraschenderweise auch im Januar bei den Steinböcken, aber weder im August bei den Löwen noch im Mai bei den Stieren. Überhaupt nicht. IST DAS ZUFALL?«, erhob ich nun die Stimme und machte eine fast Walter-Mercado-hafte Armbewegung.

»Ich glaube nicht!«

Und ich hoffe, liebe Leserinnen und Leser, dass es Ihnen jetzt auch so geht mit dieser Erkenntnis: Gratulationsdichte in bestimmten Monaten und gähnende Partyleere in anderen.

Der Astrophysiker arbeitete wirklich brav seinen Kalender durch. Er kämpfte allerdings noch mit der Wahrheit: »Bei mir ist das alles eigentlich gut verteilt ...«

Doch hier kam mein letzter Schlag: »Arbeitskontakte zählen nicht. Auch nicht die Bio-Familie. Nur Menschen, die man sich freiwillig ausgesucht hat.«

Er schloss seinen Kalender. »Na ja, da gibt es schon An-
sammlungen«, gestand er. Case closed.

Ich liebe dieses Spiel. Es ist quasi das Vorspiel zu dem Haupt-
partyspiel, in das ich Sie, liebe Leserinnen und Leser, einfüh-
ren und für welches ich Sie im Laufe des Buches mit Argu-
menten ausstatten will. Der Kalendercheck klappt eigentlich
immer, selbst bei hartnäckigen Astro-Hassern (Löwe) oder
Desinteressierten (Steinbock, Stier). Man MUSS danach einfach zugeben, dass es Monate voll von Menschen gibt, die
man mag, und Monate, in denen niemand ist, den man besonders mag. Das kann kein Zufall sein. Es ist die Grundlage
meines ganzen *guilty pleasures*. Hier fängt die Reise an. Wenn
mir das sogar ein Astrophysiker glaubt! Und falls es doch einmal einen Menschen in Ihrer Nähe gibt, der *immer* zwei liebe
Freunde pro Monat hat, so gibt es auf Stufe zwei noch das
absolute Totschlagargument in jeder Astro-Diskussion: den
ASZENDENTEN.

Der Aszendent ist immer an allem schuld und für alles im
Spiel einsetzbar. Ist Ihr Geburtstagskalender ausgewogen,
dann müssen Ihre Bekannten wohl Aszendenten haben, die
sie EIGENTLICH in andere Monate verschieben würden.
Passt die Charakteristik eines Zeichens nicht zu dem Menschen, den sie gerade auf dem Spielbrett besprechen? Dann ist
es sein Aszendent, der sein Grundzeichen verändert, verwäs-
sert oder verschiebt. Der Aszendent ist die Generalamnesie
im Astrospiel, der Joker, der Trumpf. Wenn sich Ihr Gegenüber einigermaßen mit Astrologie auskennt, wird er oder sie
trotzdem ab der zweiten Ebene des ASZENDENTEN eine
Mischung zulassen, die schon wieder sehr viele Charakter-
möglichkeiten zulässt: Geizig *und* liebevoll? Steinbock PLUS

Wassermann. Nachtragend, aber weltfremd? Skorpion PLUS Krebs. Kommunikativ, aber machtbesessen? Zwilling PLUS Löwe. Also Donald Trump.

Doch was heißt Aszendent genau? Der Aszendent ist das Tierkreiszeichen, das zum Zeitpunkt der Geburt am Osthorizont aufsteigt. Er ist also abhängig von Geburtsort und Geburtsstunde, und allein durch diesen Fakt konnte man früher wertvolle Zeit gewinnen, da die Spielpartnerinnen und Spielpartner nie wissen dürften, wann *genau* sie geboren wurden. So ließ sich ganz einfach mehr Spielraum gewinnen: »Ja, wenn du das gar nicht weißt ... (grübelnde Stirn, theatralische Pause), dann bist du bestimmt Aszendent Wassermann. So uninteressiert an Details.«

Und wenn man Pech hatte, musste man noch in einem dicken Buch nachschauen, um selbst bei Informierten den Aszendenten zu bestimmen. Heute reicht natürlich ein schneller Blick ins Internet – und das Spiel nimmt Fahrt auf. Trotzdem ist es, damals wie heute, interessant, wie viele Menschen ihre genaue Geburtszeit gar nicht wissen und deshalb bei der Frage nach dem Aszendenten schnell die liebe Mutter anrufen ... Sehr viele Mütter kennen wahrscheinlich den überraschenden Anruf des Kindes abends um 22:30 Uhr mit der Frage nach der genauen Geburtsstunde. Sie freuen sich sicher, wundern sich aber womöglich über das Geräusch klingender Gläser oder knallender Korken im Hintergrund und eine Musik, die irgendwie an Kylie Minogue erinnert ... Kurzum, Sie hören quasi jedes Mal mich, der die nächste Spielrunde einläutet.

Auf jeden Fall ist der Aszendent in meinem *guilty pleasure*-Parcours immer ein Trumpf. Wenn man die Grundeigenschaften der Zeichen nach den folgenden Kapiteln draufhat, kann man also bloß die immer gleichen Eigenschaften noch als Aszendenten ergänzen, Sternzeichen und Aszendenten vermischen, den Aszendenten nuancieren und … sich rausreden.

Dazu noch die allgemeine Spielregel »Je älter man wird, desto mehr überwiegt der Aszendent das Grundzeichen!«, und man ist noch besser aufgestellt. Denn das Alter ist natürlich ein relativer Faktor, und Menschen zwischen 30 und 50 sind deshalb dem Aszendenten-Interpretationsspielraum des Spielleiters oder der Spielleiterin (also uns) immer vollkommen ausgeliefert.

So, liebe Leserinnen und Leser! Jetzt kennen Sie die Spielregeln und meine grundsätzliche Haltung zum Thema. Nun fehlen nur noch die Spielsteine auf dem Brett. Hier kommen sie zum Lernen und Parathaben! Wenn wir uns mal live sehen, werden Sie abgefragt! Natürlich mit mucho mucho amor … LET'S PLAY!

DAS EINZIGE ZEICHEN MIT EIGENER HYMNE

WASSERMANN

Zeitraum: 21. Januar bis 19. Februar
Element: Luft

Positiv:
Aufrichtig, charismatisch, einfallsreich, erfinderisch, exzentrisch, fortschrittlich, freiheitsliebend, freundlich, gesellig, hilfsbereit, ideenreich, individualistisch, mitreißend, originell, positiv, prinzipientreu, reformbestrebt, schöpferisch, sozial gesinnt, speziell, tolerant, unabhängig, unkonventionell, unterhaltsam, vielseitig, visionär, vorurteilslos, willensstark und zukunftsorientiert.

Negativ:
Distanziert, eigenbrötlerisch, extravagant, kühl, rebellisch, revolutionär, snobistisch.

Kein Sternzeichen ist wohl je schöner besungen worden. Im Musical »Hair« von 1965 erklingt die größte Astrologie-Hymne aller Zeiten: »Aquarius«. Und in der Kinofassung von 1979 brilliert Regisseur Miloš Forman im Opening mit einer frei fliegenden Sängerin und dem universellen Lobgesang auf den Wassermann. Als Jugendlicher war ich, wie alle schlauen Teenies meiner Zeit, großer Fan des Filmes und liebte das Opening. Später liebte ich auch die deutsche Fassung aus der Bühnenversion »Haare«, die Donna Summer 1968 (!) auf

Platte gebannt hatte. Der deutsche Text ist eindeutig eupho-
risch:

Wenn der Mond im siebten Hause steht
Und Jupiter auf Mars zugeht
Herrscht Friede unter den Planeten
Lenkt Liebe ihre Bahn
Genau ab dann regiert die Erde der Wassermann

Und dann wird es noch euphorischer:
Niemand wird die Freiheit nehmen
Niemand mehr den Geist umnebeln
Mystik wird uns Einsicht schenken
Und der Mensch lernt wieder denken

Was für eine Ode! Der Mensch lernt wieder denken dank dem
Wassermann! Vielleicht hatte auch kein anderes Sternzeichen
je so viel Last auf den Schultern. Und das so öffentlich mit einem Welthit. Aber genau das erhofften sich die Hippies der
späten 60er mit dem »Age of Aquarius« – eine neue Zeit. Auf-
klärung, die Überwindung von Religionen, eine Befreiung des
Geistes. Man könnte auch einfach sagen: Luft für den Kopf.
Denn das Luftige ist bei den Wassermännern für mich immer
die Hauptsache – luftig, leicht und positiv. Der Wassermann
hängt nicht schwer in den Seilen des Lebens, sondern er schafft
es relativ frei und fröhlich, »über den Dingen« zu stehen, und
ist deshalb auch oft ein sehr guter Kommunikator.

Wann das »Age of Aquarius« nun genau ist oder anbricht, darüber gibt es, wie immer in der Astrologie, herrlich unterschiedliche und vielleicht deshalb auch einfach unwichtige
Aussagen. Hier ein paar der Daten:

1844
1780
3573
2025

Wenn man also wirklich Gewissheit will, wann die Welt besser wird, hat man Probleme. Und auch die Textzeile aus »Hair«, die das Sternzeichen berühmt gemacht hat, unterliegt – um es nett zu sagen – der künstlerischen Freiheit. Der Mond steht *jeden Tag* zweimal im siebten Haus, und Jupiter und Mars treffen sich *mehrmals* im Jahr. Genau genommen wäre also wohl ziemlich oft das »Age of Aquarius« … Ehrlich gesagt, so viel weise Luftigkeit in der Welt wäre mir wahrscheinlich aufgefallen.

Ich mag Wassermänner und -frauen jedenfalls sehr und komme prima mit ihnen zurecht. Jedes Jahr nach der, für mich doch recht anstrengenden, Steinbock-Zeit (dazu später mehr …) fühle ich ab Ende Januar auf einmal eine gewisse Leichtigkeit um mich herum. Das Leben fühlt sich nicht mehr so schwer und schwierig an, fast liegt schon der Frühling in der Luft …

Und da danach die fröhlichen Fische kommen, ist der Wassermann für mich fast schon eine Rampe zur guten Laune. Meine Schwester ist Wasserfrau und immer eine stolze und gute Vertreterin ihres Zeichens. Als Agentin muss sie gut kommunizieren, die Sachen nicht zu schwer nehmen und etwas über den Dingen stehen. Und das alles mit Charme …

Das Leichte und Luftige am Wassermann hat großartige Entertainerinnen und Entertainer zustande gebracht: Justin Timberlake, Robbie Williams, Shakira … Ich würde fast so weit gehen, zu sagen, dass eine klassische Tanznummer von Justin Timberlake die Wassermann-Energie geradezu perfekt verkörpert. Light on his feet ... Das ist der Wassermann für mich. Auch John Travolta ist Wassermann: wieder die perfekte Leichtigkeit in der Bewegung. Dancing on air ... Das positive Luftzeichen ist sehr viel Disco. Robbie, Justin und Shakira fliegen förmlich über die Bühnen der Welt – und machen uns das Leben damit leichter.

Auch mein Kollege Oliver Pocher ist für mich ein ganz klassischer Wassermann. Denn: Er quasselt viel und gerne. Leichtigkeit ist auch sein Beruf. Oft fragen sich die Leute ja, wofür Oli eigentlich bezahlt wird, und da kann ich nur sagen: für seine Wassermann-Energie! Die hilft im TV! Auch Oprah Winfrey und Ellen DeGeneres sind Wasserfrauen. Dieter Bohlen ist Wassermann, und hier höre ich die Leserinnen und Leser förmlich innehalten und sich beschweren: »Also Thomas, freundlich, tolerant, vorurteilslos??? Der Bohlen?«

Aber bevor die Angst vor dem »Age of Dieter« hochkommt, die ich auch auf jeder Ebene hätte, hier noch ein paar weitere Adjektive aus der Grundbeschreibung: »Einfallsreich, erfinderisch, exzentrisch?«

Mmh...

»Unabhängig, unkonventionell, willensstark?«

Na gut.

»Unterhaltsam?«

Gewiss. Nur bei »ideenreich« würde ich mein Veto einwerfen. Wer die Musik von Modern Talking durcharbeitet, wird doch auf eine sehr überschaubare Menge an Akkorden und Klängen stoßen ...

Immerhin luftig ist »Cherry Cherry Lady« auf alle Fälle.

Woher kommt aber nun das Machohafte, Aggressive, Abkanzelnde bei Herrn Bohlen? An dieser Stelle üben wir das einstudierte Spiel mal wieder kurz aktiv, denn natürlich lautet die Antwort auf diese Frage: vom ASZENDENTEN. Im Falle Dieter ist das der Aszendent Steinbock. Und wenn wir später noch den typischen Steinbockblick kennenlernen – bockig eben –, dann wird das astrologische Konzept hinter Deutschlands langfristigster Pultfachkraft klar: Kommunikation PLUS latente Aggressivität, Luft PLUS Bock. (Bei seinen Frauen hat Wassermann-Bohlen übrigens keine Angst vor Stärke: Verona Stier, Estefania und Carina Löwen … nur die arme Fische-Naddel hatte keine Chance. Und Stier Verona macht den Wassermann klar platt. Sogar einen Dieter …)

Die negativen Seiten des Zeichens – wie etwa kühl, snobistisch und distanziert – liegen für mich einfach daran, dass das klassische Luftzeichen sich eben nicht an die beschwerende Realität binden will, sondern gerne drüber wegfliegt – und das wird von einigen anderen Zeichen (I hear you, Cancer!) natürlich als kalt und oberflächlich gewertet. (Eine Klage dazu aus dem Internet: »Aquarians will hurt your feelings, then ask you if you have gum.« – »Wassermänner verletzen dich und fragen dich dann nach einem Kaugummi.«[2]

Aber der Wassermann muss eben immer etwas über den Dingen stehen, deshalb kommuniziert er auch so mühelos, ist so charmant, freundlich und redselig. Paris Hilton wirkt auf mich durch ihre starke Luftigkeit fast schon wie ein Doppel-Wassermann, doch auch hier ist es ihr Aszendent Waage, deren negative Eigenschaften (arrogant, bequem, eitel) einfach

2 Quelle: Tumblr: @ayeshaclitorica

zusammen mit dem Grundzeichen zu einer luftig lächelnden Barbie führen können, die nichts kann und alles will.

Mein Fazit: Die Welt wäre eigentlich wirklich besser im »Age of Aquarius« – wenn man sich endlich mal auf das Datum einigen könnte – aber die Hippies im »Hair«-Modus wären sicher überrascht gewesen, wenn die plastikpuppenhafte Paris Hilton durch ihr Musical Opening geflogen wäre oder Dieter Bohlen am Ende gesagt hätte: »Das war scheiße. Ihr seid alle raus. Und wie ihr ausseht, schneidet euch mal die Haare!«

PS:
Übrigens, lieber Oli Pocher: Andere Luft- und Wasserzeichen passen natürlich in der Liebe am besten zu dir (wie Fisch Jessica Biel zu Justin T.). Deshalb ist Amira als Waage natürlich ein Volltreffer … aber auch Monica (Krebs) und Sandy (Fische) waren sicher alle gut passend für deinen Wassermann. Wobei man bei Fischen ja immer aufpassen muss, ob sie ab 30 einen richtigen Beruf ausüben, und da hat Sandy als »Schmuckdesignerin« natürlich eine klassische Fische-Wahl getroffen. Aber zum Dilemma »Fische und Beruf« mehr im nächsten Kapitel …

PISCES-POWER!

FISCHE

Zeitraum: 20. Februar bis 20. März
Element: Wasser

Positiv:
Charmant, einfühlsam, empfindsam, feinfühlig, fröhlich, geheimnisvoll, geduldig, gesellig, großzügig, hilfsbereit, hin-
gabefähig, innig, inspirierend, intuitiv, medial, mitfühlend,
mitleidend, mystisch, fantasievoll, romantisch, schillernd,
seelenvoll, selbstlos, sensibel, sentimental, verständnisvoll
und verträumt.

Negativ:
Ängstlich, beeinflussbar, chaotisch, disziplinlos, entschei-
dungsschwach, gehemmt, labil, prinzipienlos, sentimental.

Herzlich willkommen zum besten Sternzeichen von allen! Fische wie ich können sich in alles hineinträumen, auch in das
sichere Gefühl, dass kein anderes Zeichen es so gut hat wie
wir! Wir sind kreativ, sensibel und fantasievoll, wir sind
freundlich und großzügig, wir sind einfach reizend!

Die Liste der kreativen Fische ist riesig, ich habe das Gefühl,
es gibt insgesamt mehr kreative Fische als in allen anderen
Zeichen. Nehmen wir nur mal meinen Geburtstag, den
5. März: Barbara Schöneberger, Pier Paolo Pasolini, Naddel et
moi. Was für ein gehäuftes Talent an nur einem Tag! Und

doch wie unterschiedlich! Ich zähle diese vier Namen sehr gerne hin und wieder auf und lasse meine Gesprächspartner raten, wer eigentlich nicht in die Reihe gehört ... Sagt jemand Pasolini, bin ich sauer. Denn die Linie zwischen ihm und mir ist doch ganz klar, sind wir doch beide kreative schwule Männer mit Hang zu welterklärenden Theorien (er zum Kommunismus, ich zu ABBA) und dem Drang, Diven zu inszenieren (er Maria Callas, ich Barbara Schöneberger, Gayle Tufts und Cindy aus Marzahn). Nein, natürlich passt *Naddel* nicht direkt in die Linie, weil sie wirklich wenig echt Kreatives tut, sondern nur wegen ihres Ex-Freunds bekannt ist. Sie ist quasi zweite Meereslinie Fische und wir anderen drei ... gut, Pier Paolo ist vielleicht noch der Leuchtturm vor der ersten Meereslinie.

Ansonsten gehören große sensible Diven zu unserem Sternzeichen: Liza Minnelli! Liz Taylor! Uschi Glas! Rihanna überrascht vielleicht den ein oder anderen, aber mal ehrlich: Wer außer einer superkreativen Fische-Künstlerin hätte es schaffen können, in nur einem Häkel-Einkaufsnetz bekleidet gut auszusehen? Jeder Rihanna-Look ist ein Pisces Manifesto: Hier bin ich mit abstrakten Kieselsteinen auf dem Kopf, hier bin ich mit roten, blauen, platinblonden Haaren, hier bin ich mit Ohrringen so groß wie Pfefferstreuer. Nein, es sind sogar Pfefferstreuer, aber von Louis Vuitton!

Fische sind auf die ungewöhnlichsten Arten kreativ, und sie können nicht anders. Sie bringen sogar Stand-up-Comedy und Karaoke nach Deutschland und verkleiden sich ab und an als Cher ... *Alles* macht Sinn im Kopf eines Fisches. Selbst Fisch Jan Böhmermann hat diesen sehr sensiblen Zug um den Mund. Ich habe bei ihm immer ein bisschen Angst, dass all das Social-Media-Gelärme seine zarte Fische-Seele zu sehr anstrengt und er die »Late-Night-Show« verlässt, um doch noch Aquarelle zu malen. Steve Jobs ist ein extremer Fisch – talk about inventive! Dazu seine Auftritte im Mönchslook ... Es braucht eben einen Fisch, um die Ebene der Spiritualität und Schönheit in ein Telefon und einen Computer zu pumpen. Bei einem Stier als Chef sähen Hightechprodukte heute immer noch aus wie IBM 1978.

Das Element der Fische ist natürlich das Wasser – und ich versuche wirklich, so oft es geht, im, am oder ganz nahe beim Wasser zu sein. Kein Urlaub in den Bergen für den Fisch Thomas – dafür, so schnell es geht, ab ans Meer, weg von meinem See zu Hause rüber zu noch mehr Wasser. Auch die Badewanne ist für mich lebensnotwendig: Ich bade für mein Leben gern, und zwar stundenlang, wie auch Fisch Liz Taylor ... Ich erinnere mich noch an eine hitzige Diskussion in der Schule in der achten Klasse, in der es darum ging, was grundsätzlich besser für die Umwelt ist: duschen oder baden. Der Lehrer bestand aufs Duschen, und ich verstand lange nicht, warum. Ich meldete mich also und sagte: »Aber wenn man eine Stunde duscht, verbraucht man doch mehr Wasser, als wenn man eine Stunde badet. An dem Tag fand ich heraus, dass nicht jeder – wie ich – eine Stunde lang badet. Und dabei telefoniert. Denn das war mein liebster Zeitvertreib als Teenie: in der Wanne liegen und mit meinen Freunden telefonieren. Ein Fisch, eben ganz in seinem Element.

Überhaupt entspanne ich mich extrem bei jeder Form der Wasserver(sch)wendung: vom Saunaaufguss bis zur Kneippkur ... Ich verstand lange nicht, warum andere Menschen keine Wellness-Wochenenden mochten. Das ganze Wochenende damit zu verbringen, von einem warmen Becken in ein anderes gelegt zu werden, ist für Fische wie mich der Himmel auf Erden. Floaten, im Tank, im Dunkel – das Paradies. Wenn ich gestresst bin, legt mich ins Wasser! Da entspanne ich mich – und bekomme viele meiner kreativen Ideen.

Fische sind ganz hervorragende Liebhaber und Liebhaberinnen. Gut, vielleicht sollte ich den Satz etwas bescheidener formulieren … Wir mögen Sex und bemühen uns, dabei eine gewisse Kunstfertigkeit zu erlangen. Wir wollen, dass der Partner oder die Partnerin zufrieden ist, wir lassen uns was einfallen. Berühmte Kurtisanen und Sexsymbole waren sicherlich Fische – siehe Liz und Rihanna –, denn Sinnlichkeit braucht gleichzeitig Kreativität und muss im Fluss bleiben. Ohne zu verraten, mit welchen Vertreterinnen meines Sternzeichens ich gesprochen habe, mein Eindruck insgesamt ist ganz eindeutig: Gerade Fische-Frauen sind Granaten im Bett! Sie können gewisse Dinge. Sie tun was. Sie arbeiten mit Genauigkeit und Inspiration. Und wenn nun zwei superheiße Fische heiraten, wie Daniel Craig und Rachel Weisz, kann man sich zumindest im Ansatz vorstellen, was da in der Wanne los ist … eine Bouillabaisse der Leidenschaft. Aber auch meine schwulen Fische-Freunde leiden nie unter mangelndem Sexualkontakt. Und wenn kein echter Sex passiert, dann wird eben geträumt.

Gibt es nun irgendetwas, was nicht toll ist an den Mitgliedern unseres charmanten Schwimmvereins? Es gibt wohl nur eine klitzekleine, eigentlich ganz unwichtige Sache, die uns Fische manchmal stört: die Realität. Fische sind große Traum- und Kindsköpfe, im gemütlichen warmen Wasser ihres Daseins malen sie sich alle möglichen Dinge aus – und die machen eigentlich auch für sie vollkommen Sinn. Doch *einen* Satz muss man leider zu allen Angehörigen dieses, meines Zeichens sagen: Wenn ein Fisch mit 30 noch keinen echten Beruf hat, wird es gefährlich. Ich kenne wirklich ein paar Fische, die kurz nach ihrem 30. Geburtstag »aufgewacht« sind und feststellen mussten, dass ihr Kunstgeschichtestudium/Schauspieltraining/Yogaseminar doch nicht WIRKLICH zu einem Beruf geführt hat. Auch ich bin heute noch täglich davon überrascht, dass die Berufszeit in meinen Zwanzigern voll von schwuler Kleinkunst, Underground-Modenschau-Assistenzen und einem Magister von 2,8 in Theaterwissenschaft tatsächlich zu irgendeiner Karriere geführt hat. Man hätte nicht darauf gewettet, und gerade mein Papa (Skorpion) hatte deswegen sicher manch schlaflose Nacht: Dass aus dem schlaksigen Jungen, der 1985 im Vollplayback ein Christian-Anders-»Trashical« in einer Münchner Off-Performance-Halle grimassierte, irgendwann mal etwas wird, das Miete bezahlen kann, wer hätte es erahnt!

Auch meine begeisterten Anrufe aus New York – »Ich singe jetzt immer einmal die Woche Madonna-Lieder auf Deutsch in einem Nachtclub« – beruhigten die Nerven realitätsnäherer Menschen zu Recht nicht. Solche Aktivitäten machen einfach nur für Fische Sinn. Es könnte ja was daraus werden, man könnte ja entdeckt werden, und dann sofort ab nach Hollywood! Bestimmt hat auch Fisch Jon Bon Jovi mal als Barry-Manilow-Imitator irgendwo in einer Halle in New Jersey angefangen.

Dass wilde Fische-Karriere-Moves trotzdem klappen können – wahrscheinlich insofern sie mit einem erdigeren Aszendenten verbunden sind –, zeigt die außergewöhnliche

Karriere einer Fische-Freundin von mir, die ich als Burlesque-Tänzerin kennenlernte. Später wurde sie Therapeutin für eine bestimmte Entspannungsmethode bei Menschen und Pferden, dann begann sie am Ende ihrer Zwanziger ein Medizinstudium, und heute ist sie Ärztin für die härtesten Notaufnahmesituationen. Und das alles als alleinerziehende Mutter. Das schafft nur die visionäre Kraft des Fisches! Keep dreaming and keep moving!

Alle, die mit Fischen befreundet oder verpartnert sind, sollten aber trotzdem immer ein bisschen auf Karriere und Kontostand des besten aller Sternzeichen achten. Der Fisch mag eben die Realität nicht besonders, mehr noch, er akzeptiert sie nicht als irgendwie besonders wichtig. Lieber träumt er sich weg in 1000 Traumkarrieren oder geht in sich und meditiert eine Runde. Denn spirituell können Fische auch sein (Welches andere Zeichen schreibt schon ein Buch über Astrologie?), und auch das Jenseits ist für uns immer spannender als die Steuererklärung. Wir sind zum Funkeln und zum Strahlen da: Deshalb habt uns lieb, und passt bitte auf unsere Rente auf!

WIDDER WILLEN

WIDDER

Zeitraum: 21. März bis 20. April
Element: Feuer

Positiv:
Abenteuerlustig, ausdauernd, begeisterungsfähig, belastbar, bestimmt, direkt, durchsetzungsstark, dynamisch, ehrlich, ehrgeizig, energisch, extrovertiert, freimütig, fröhlich, idealistisch, inspirierend, kämpferisch, leidenschaftlich, mutig, offen, scharfsinnig, schnell, selbstständig, selbstbewusst, selbstsicher, spontan, tatkräftig, unabhängig, unermüdlich, unkompliziert, unternehmungslustig, visionär, willensstark, zielstrebig und zupackend.

Negativ:
Aggressiv, aufbrausend, draufgängerisch, egoistisch, impulsiv, jähzornig, rücksichtslos, stürmisch, streitlustig, unberechenbar, ungeduldig, unordentlich, unruhig.

»Feuer, Feuer brennt nicht nur im Kamin, Feuer, Feuer brennt doch auch in mir drin.« Dieses hervorragende Lied von Ireen Sheer sollte das Mottolied aller Widder-Menschen sein. Denn jetzt ist hier im Buch Schluss mit den fluffigen Luft- und denn verträumten Wasserzeichen, jetzt kommt das erste Feuerzeichen im Jahr. Und zwar mit Schmackes!

Schon die positiven Eigenschaften des Widders sind so beschaffen, dass sie bei einem harmoniezentrierten Fisch wie mir trotz aller guten Möglichkeiten eine leichte Unruhe auslösen: »Bestimmt, direkt, energisch.« Oh, das mögen wir elegant manövrierenden Fische nicht ganz so gerne, denn als Nächstes taucht bestimmt irgendwo im All das Wort »konfliktfähig« auf. Und Konflikte umschwimmen wir ja lieber.

Aber es stimmt: Der Widder oder die Widderin kann sich gut durchsetzen, auch mal energisch werden oder laut. Keine Angst vor Feuer eben. Und deshalb ist das Widder-Zeichen voll von starken Künstlerpersönlichkeiten. Feuer im Zeichen, Feuer unterm Hintern – auf in die Kunstkarriere!

Meine Freunde Michael Mittermeier, Bastian Pastewka und Emmi (die eine Hälfte des Comedyduos »Emmi und Willnowsky«) sind zum Beispiel allesamt Widder. Auch die von mir hochgeschätzten Künstler Rainald Grebe oder die Schauspielerin, Regisseurin und Autorin Adriana Altaras. Alles keine Hitzköpfe, aber Menschen mit einem sehr starken Kopf und Willen. Michael hatte immer eine ganz klare Vision für seine Stand-up-Comedy, und meine liebe Emmi weigert sich bis heute noch hartnäckig, irgendeinen Opernstar nach 1980 gut zu finden. Herr Pastewka ist natürlich immer reizend und hat die besten Manieren, aber weiß auch immer ganz genau, was er tut und will, und was nicht – deshalb ja auch seine schauspielerische Akkuratesse bei seinen Serien. Ein Fisch oder Wassermann hätte nach dem 19. »Pastewka«-Take auch mal das Feierabendbier ausgerufen, aber der Widder bleibt dran. Deshalb war es natürlich immer für Fisch Thomas perfekt, bei den Widdern Mittermeier oder Emmi Regie zu führen oder für Bastian zu schreiben. (Kleiner Tipp für Künstler-Widder: Sucht euch für die Regie nie andere

Widder, Stiere, Skorpione oder Steinböcke aus – das gibt Krieg! Zu viele Hörner und Stacheln.) Aber einem Widder als Wasser- oder Luftzeichen direkt in die Quere zu kommen, würde ich euch auch nicht raten. Und vor allem: Diese Widder hier in meinem Freundes- und Bekanntenkreis sind ja natürlich die netten ...

Der größte Widder-Moment meiner Karriere, der in mir echten und langfristigen »Widder willen« erzeugt hat, war der Auftritt, ach was, die Eroberung und Zerstörung der Bambi-Verleihung 2005 durch Glitzer-Widder Mariah Carey. Bettina Zimmermann, Sky du Mont und ich moderierten als Trio durch den Abend (ein Konzept, auf das eigentlich nur ein Krebs kommen kann, aber das nur am Rande ...), und Madame Carey war ein Stargast. Ich betone, EIN Stargast, denn auf der Bühne waren neben ihr auch solche No-Names wie Bill Clinton, Karl Lagerfeld und Caterina Valente: also ein Löwe, eine Jungfrau und eine Steinböckin. Durchaus kräftige Sternzeichen (Feuer, Erde, Erde), aber dem Widder kann es natürlich am besten gelingen, alle anderen Zeichen unter Stress zu setzen.

Mein Eindruck war folgender: Widder Carey sollte zu einer bestimmten Zeit an einem SEHR vollen Probentag eine Sitzprobe auf einem Sofa machen, von dem aus sie am Anfang ihres lauwarmen Vollplaybacks starten würde. Denn wie immer hatte Mariah Carey einen Rock in der Länge »breiter Gürtel« an, und da war es natürlich angesagt, dass man sie einmal auf dem Sofa sitzen sieht, damit der Regisseur nicht in ihre private Unendlichkeit filmt. Apropos Regie: Man munkelte außerdem, dass der Regisseur einen Vertrag unterschreiben musste, in dem stand, dass das Hinterteil von

Widder Carey (die Keule?) nicht im Bild zu sehen sein würde, sonst drohte eine hohe Geldstrafe. Da aber bei der Choreografieprobe nur ein Lichtdouble Bewegungen auf der Bühne anbot, die völlig anders waren als das, was Widder Carey abends veranstaltete, war im Endeffekt das Widder-Hinterteil (die Flanke?) natürlich doch im Bild, und der Regisseur starb tausend Tode. Liebe Leserinnen und Leser, Sie merken schon: Der Fisch mit Hang zum Weltfrieden echauffiert sich gerade. Aber so erschien mir die Stimmung den ganzen Tag über in Widder Careys Gegenwart angespannt – alle schienen Angst oder die pure Panik zu haben. Es war eine Stimmung auf einem Level zwischen der Präsentation von Eva Brauns Soloalbum und Stalins Geburtstag. Lovely.

Aber zurück zur Sofaprobe (eine Stuhlprobe musste Gott sei Dank nicht gemacht werden) ...

15 Uhr war angesetzt, und die Armee verschreckter Unterhaltungsarbeiter*innen wartete auf die Ankunft des Glitzer-Widders (Aufnahmeleitende und Regieassis sind übrigens oft Jungfrauen, nur sie haben die Nerven und die perfekten Listen.). 15:10 Uhr. 15:20 Uhr. Kein Show-Widder zu sehen. An einem Tag, an dem Clinton im Anschluss noch eine Rede proben musste und die Valente ihr Medley. Die Nerven lagen blank. 15:30 Uhr. Endlich Nachricht aus dem Widderturm: Natürlich würde sich Madame Carey nicht auf die Bühne zu dem Sofa bewegen, das Sofa müsste bitte zu ihr kommen. Kurzerhand wurde das Sofa also aus dem Bühnenbild ausgebaut, fünf Treppen in die Mariah-Beletage hochgetragen, in den Zehn-Zimmer-Schlosstrakt, den sie hoch über allen im Studio bewohnte.

Und so geschah es. Sechs Männer bauten das Sofa aus, trugen es hoch, Madame setzte sich einmal drauf, der Rock hielt dicht. Sofa wieder runter. Einbau/Rückbau. 16:30 Uhr.

»Wir hängen! Please, Mr Clinton, just ten more minutes ...«

Das schafft nur ein Widder. Um dann abends muffig hinter den Vorhang zu schleichen, das Gesicht zu dem einer leicht debilen 16-jährigen Zuckerfee zu verziehen und mit einem einfachen »Hi Munich, I love you!« die Massen zu begeistern. Fisch Thomas stand Backstage und griff zu früh nach dem Sekt. Irgendwas Flüssiges!

Gehen wir doch jetzt einige berühmte Widder-Stars durch und überlegen mal kurz, ob wir die wirklich alle gerne zusammen auf einer Gala hätten, wenn wir das backstage managen müssten: Madame Carey. Lady Gaga. Elton John. Celine Dion. Alec Baldwin. Diana Ross. Kristen Stewart. Dazu Sylvie Meis. Helmut Kohl. Und Gerhard Schröder ... Sicher ein herrlicher und friedlicher Abend im Backstage-Bereich!

Als ABBA-Fan muss ich natürlich an dieser Stelle auch erwähnen, dass Agnetha Fältskog ebenfalls Widder ist. Und bevor ich die Aszendenten-Karte ziehe (die es hier aber auch nicht friedlicher macht – Löwe!), muss ich zugeben, dass Stier Björn, Schütze Benny und Skorpion Frida immer Wege gefunden haben, zusammen auf der Bühne zu stehen. Nur der Widder fehlt.

Um zum Schluss noch etwas Nettes über prominente Widder zu sagen, möchte ich feststellen, dass ich nicht glaube, dass sich Wayne Carpendale für eine Minirock-Sitzprobe das Sofa hochtragen lässt. Bestimmt nicht.

Ach ja, und am Tag nach der Bambi-Verleihung kam mir noch zu Ohren, dass Widder Carey wohl »vergessen« hatte, den Schmuck von Cartier zurückzugeben, der ihr für die Gala geliehen worden war. In ihrem Kopf scheinbar alles kein Problem. Denn Wunder gibt es immer widder.

Oh, und hatte ich erwähnt, dass Hitler Widder war? Nun ja.

STIER MICH NICHT SO AN!

STIER

Zeitraum: 21. April bis 20. Mai
Element: Erde

Positiv:
Aufnahmefähig, ausdauernd, ausgeglichen, bedächtig, beson-
nen, beschützend, beständig, bodenständig, geduldig, gelassen, gemütlich, genügsam, genussvoll, gewissenhaft, großmütig, gründlich, kreativ, loyal, naturverbunden, praktisch,
realistisch, ruhig, sachlich, selbstbewusst, sensibel, sicher-
heitsorientiert, sinnlich, solide, treu, warmherzig, vorsichtig,
zufrieden und zuverlässig.

Negativ:
Bequem, besitzergreifend, eigenwillig, eifersüchtig, engstirnig, geizig, intolerant, konservativ, materialistisch, misstrauisch, neidisch, passiv, pedantisch, stur und träge.

Herzlich willkommen zum ersten Erdzeichen im Jahr! Wo
bei den Luftzeichen alles leicht und luftig ist, bei den Wasserzeichen alles im Fluss, bei den Feuerzeichen alles hoch-
kocht, da zieht bei den Erdzeichen alles Richtung Boden.
Jetzt wird es schwer und etwas langsam. Was gut sein kann,
wenn man mit einem Erdzeichen ein Haus baut oder einen Eintopf kocht, was aber in anderen Bereichen durchaus schwierig werden kann. Zum Beispiel in der Liebe.
Denn Stiere sind wie alle Erdzeichen extrem territorial. Sie

befinden sich auf ihrem Gebiet, und da bleiben Sie auch. Wehe, Sie wollen weg.

Der Ur-Stier in meinem Leben war einer meiner besten Schulfreunde, den ich hier mal Andi nennen möchte. Er war zwar in der Klasse über mir und auf dem Gymnasium auf der anderen Straßenseite, aber wir verbrachten jeden Tag ab der siebten Klasse sehr viel Zeit miteinander. Wenn ich von der Schule nach Hause kam, rief ich ihn sofort wieder an, um zu erfahren, was sich unglaublich Aufregendes auf dem Heimweg zugetragen hatte, der uns ganze 20 Minuten (!) getrennt hatte. Wir teilten die gleichen Hobbys (Popmusik), den gleichen Geschmack (zu cool für Nürnberg) und die gleichen Träume (möglichst schnell raus in die Welt, berühmt werden, als Star zurück nach Nürnberg kommen und unseren alten Klassenkamerad*innen Autogramme geben). Wir waren in allem gleich, außer in einer kleinen Sache: Er war hetero und ich schwul.

Und so kam es, wie es kommen musste. Ich verliebte mich in ihn, seine blonden Locken und langen Wimpern und er sich nicht in mich. Trotzdem hockten wir weiter tagtäglich aufeinander, er der Stier (geduldig, gelassen, beständig), ich der Fisch (romantisch, schillernd, seelenvoll). Meistens war ich trotz des kleinen Unterschieds fröhlich, nur manchmal plötzlich traurig und allein. Dann hörte ich von Stierin Barbra Streisand »Woman in Love« und das ganze »Guilty«-Album rauf und runter. Es war im Grunde so wie in allen Coming-of-Age-Filmen mit schwulen Protagonisten: Ich liebte, ich litt, aber ich kam immer wieder darüber hinweg. Andi erklärte mir schließlich, dass er auf jeden Fall mein Seelenfreund war, nur »das eine«, das könne er eben nicht tun, denn er

liebte Mädchen. Trotzdem taten wir »das eine« hin und wieder doch, und ganz schön gut (Stier: sinnlich, Fisch: sensibel),
aber danach war immer Katzenjammer, und die Schützen-
gräben wurden erneut ausgegraben. Es sei natürlich nur ein
»Ausrutscher« gewesen (Wie heißt Orgasmus auf Fränkisch?
Etzadla …), aber ich müsse ja verstehen, er sei nicht, er könne
nicht, wir dürften nicht noch mal, und so weiter.

Es zog sich. Vier Jahre – von 14 bis 18 – litt ich an Stier Andi vor
mich hin. Bis ich endlich (Cue-Discomusik sei Dank!) einen
anderen schwulen Jungen kennenlernte, dann drei, schließlich
eine ganze Schwulengruppe. Mit 18 ließ ich meine Schulclique
hinter mir, zog aus in eine schwule WG, traf meinen ersten
»echten« Freund und ließ mein altes Leben hinter mir. Auch
Andi. Sollte der doch nun seine erste richtige Freundin finden
und glücklich werden, ohne mich. Exit and out.

Und dann kam der Tag, an dem ich den Stier richtig kennenlernen sollte. Ich weiß es noch ganz genau. Das Telefon klin-
gelte in meiner Studentenwohnung in München, ich war
schon weit weg von meiner Teeniezeit und von Nürnberg,
und Andi war dran. Wir hatten uns seit meinem Umzug wenig gesehen, standen aber noch in Kontakt. Nur vielleicht
nicht eng genug für ein territoriales Erdzeichen. In wenigen
kurzen Sätzen verkündete er mir eine aufregende Nachricht:
Er sei verliebt und diesmal wäre es etwas Richtiges. Ich fragte
nach dem Namen der Glücklichen. *André*. Ein Dekorateur,
den ich sogar flüchtig aus der Schwulenszene in Nürnberg
kannte. Ein Mann.

Jetzt kommt das astrologische Close-up dieser Szene …

Liebe Leserinnen und Leser, Sie sehen mich nun mit dem Hörer in der Hand im Flur stehen (die Wände schick in Weinrot und Weiß gestreift, es sind die 80er). Ich halte inne. Wäre ich ein Erd- oder Feuerzeichen gewesen, etwas mit Hörnern oder etwas, das brüllt, ich wäre wohl ausgerastet. Nach *vier* Jahren?! Nach vier Jahren Leiden und Tränen und Hoffen und Bangen und Knutschen und doch nicht? Weil er halt nicht »so« ist? Und nun ein André. Ein DEKORA-TEUR!

Aber ich bin ja nun ein Harmonie suchender Fisch. Also, was tat ich, geneigte Leserinnen und Leser, die Sie durch die Lektüre dieses Buches nun sehr gut informiert sind? Richtig, ich gratulierte ihm!

»Ist ja schön für dich. Gut, dass du jetzt weißt, woran du bist.«

Nachdem ich selbst gerade den Stress des Coming-outs hinter mir hatte, hieß ich ihn solidarisch im Club willkommen und freute mich für ihn! Wie viel Fisch kann man eigentlich sein? Ich sollte in den diplomatischen Dienst gehen. Nun gut, man könnte ja auch mit Oprah Winfrey sagen: Ich war mein HIGHER SELF, sah über mein eigenes Leid hinweg, akzeptierte, dass es sicher auch für ihn kein leichter Weg gewesen war, und dachte vielleicht, dass ich eventuell auch einfach nicht sein Typ gewesen und dieser André wohl jetzt der Knaller für ihn war. Okay. Really okay.

Wir hatten also wieder mehr Kontakt – er war ja jetzt im Club –, und nicht nur das: Auch er zog kurz danach zum Studieren nach München! Und ich half ihm sogar, ein WG-Zimmer bei Freunden zu finden. Jetzt werden die Hobby-psycholog*innen unter Ihnen vielleicht schon etwas Verdacht schöpfen ... Dann stellte ich ihn einer befreundeten Sängerin vor, und er wurde ihr Pianist. Dann machte Andi Schluss mit André und fing was mit Michael an. Danach mit Johannes. »Na gut«, dachte ich, »ich war wohl nicht der Richtige, aber es gab anscheinend noch eine ganze Menge anderer Möglichkeiten.«

Nach drei Jahren in München zog er eines Tages jedoch endlich nach Hamburg, weg aus meinem Leben, verliebte sich in eine Frau – und war nie mehr mit Männern zusammen.

Was lernen wir daraus? Bei all diesen Schritten hinter mir her, ab diesem einen Telefonat, ging es ihm gar nicht um seine sexuelle Orientierung. Egal, ob er nun eine schwule Phase hatte, bisexuell war oder was auch immer – in den Jahren danach bin ich zu der klaren Erkenntnis gekommen, dass er mich einfach nicht hergeben wollte. Er war territorial. Er war bequem, besitzergreifend, eigenwillig, eifersüchtig, engstirnig, intolerant, misstrauisch, neidisch, passiv, pedantisch, stur und träge.

Das ist also für mich seitdem der Stier. Vielleicht habe ich aus diesem Grund auch einige nette Stiere in meinem Leben schlecht und misstrauisch behandelt, aber ich bin eben ein gebrannter Fisch. So oft habe ich mir später vorgestellt, ich hätte damals einfach das Telefon aufgehängt. Ich wäre aus dem Stier-Territorium ausgewandert. Aber: Aufhängen ist schwer für uns Wasserzeichen. Und noch etwas war geblieben, nämlich die Erinnerung an die paar Mal ungelenken Teenie-Sex mit einem Stier … Und die waren trotz »Jugend forscht«-Atmosphäre gar nicht schlecht. Überhaupt nicht. Das heißt, ich weiß, dass Stiere *sexuell* grundsätzlich sehr gut zu mir passen. Und das würde ich auch sofort für Channing

Tatum, George Clooney und David Beckham unterschreiben. Sie dürfen mir eben nur nicht hinterherziehen.

Coda:
Zwanzig Jahre später sah ich Andi zufällig auf der Straße wieder und lud ihn spontan zum Essen ein. Nach zu viel Alkohol packte ich mein altes Elend erneut aus und beschuldigte ihn des faulen territorialen Umgangs mit meiner Seele.

»Du hast mich einfach nicht gehen lassen …«, blubberte der Fisch im Champagnersud, »du wolltest mich einfach behalten und bist mir immer hinterhergekommen und sogar, wenn du dafür kurz schwul werden musstest.«

Natürlich stritt Stier Andi alles vehement ab und beharrte darauf, dass das nur meine Seite der Story war. Worauf ich hoheitsvoll den Tisch verließ und am Ende des Abends Sex mit einem anderen Mann (ebenfalls Stier) hatte, der genau wusste, was er war und was nicht. Und dieser Stier war – für eine Nacht – perfekt.

GUTER ZWILLING, SCHLECHTER ZWILLING

ZWILLINGE

Zeitraum: 21. Mai bis 21. Juni
Element: Luft

Positiv:
Anpassungsfähig, betriebsam, beweglich, charmant, flexibel, fröhlich, freundlich, gesellig, heiter, immer unterwegs, intelligent, jugendlich, kommunikativ, kontaktfreudig, kreativ, lebhaft, neugierig, objektiv, offen, sachlich, schnell, tolerant, überzeugend, vielseitig, vorurteilslos, wendig und wissbegierig.

Negativ:
Beeinflussbar, distanziert, flatterhaft, leichtfertig, nervös, oberflächlich, ruhelos, selbstgefällig, stressanfällig, unehrlich, ungeduldig, unzuverlässig, weitschweifig und zerstreut.

Beim Sternzeichen Zwilling gibt es immer ein beliebtes Astro-Klischee, das bei Laien und Menschen, die dieses schlaue Buch nicht gelesen haben, gerne als Erstes auf den Tisch kommt und sogar oft auch von Astro-uninteressierten Menschen dieses Zeichens selbst verwendet wird: Der Zwilling ist das Sternzeichen mit den zwei Gesichtern! Es passt einfach schön zum Bild der Zwillinge – zwei Personen, zwei Seiten. Und dann gleich die logische Befürchtung: Jekyll und Hyde, Cindy und Bert, Cher und Sonny. Die gute und die schlechte

Seite, der Mensch und das Monster, Gremlin bei Tag und Gremlin bei Nacht.

Dieses Klischee stimmt meiner Meinung nach überhaupt nicht – und ich bin ja im Aszendent Zwilling, darf also in diesem Kapitel wieder vehement mitreden. Die Zahl zwei prägt dieses Zeichen trotzdem sehr für mich. Denn bei keinem anderen Sternzeichen sind die Beispiele für nette, reizende Leute und für unangenehme, doofe Leute so zahlreich. Ich habe normalerweise zu den meisten Sternzeichen einen direkten Bezug, weiß, mit wem ich Zeit verbringen will (Wassermann, Jungfrau, Krebs) und mit wem nicht (Widder, Stier, Löwe). Bei Zwillingen aber muss man sich – und sogar ich mich – wirklich immer aufs Neue fragen: Was für ein Zwilling ist es denn nun?

Denn die Grundeigenschaften wie anpassungsfähig, flexibel und beweglich sind eben moralisch neutral, das könnte in beide Richtungen gehen. Hier ist wirklich viel Luft drin im Luftzeichen. Nur springen die Zwillinge eben nicht wie Gremlins hin und her zwischen gut und böse, sympathisch und unsympathisch – sie landen schon meistens sehr deutlich auf *einer* Seite, sodass man sich fast fragen muss, wie all diese Menschen demselben Zeichen angehören können. So absurd es klingt: Das ist eben typisch Zwilling!

Wir spielen jetzt dazu ein Spiel: Jeder der folgenden Namen wird bei Ihnen, liebe Leserinnen und Leser, sicher eine ziemlich eindeutige Reaktion hervorrufen, in die eine oder andere Richtung. Bitte schieben Sie innerlich die folgenden Personen auf die eine (Nice to meet you!) oder andere (Don't even think about meeting me!) Seite:

Donald Trump
John F. Kennedy
Kanye West
Prince
Angelina Jolie
Marilyn Monroe
Naomi Campbell
Anne Frank
Muammar al-Gaddafi
Albrecht Dürer
Veronika Ferres
Nora Tschirner
Inge Meysel
Lilli Palmer
Kai Pflaume
Jürgen von der Lippe
Heidi Klum
Dirk Nowitzki

Na, wie voll sind die beiden Seiten geworden? Bei mir ziemlich halb und halb ... Mehr sag ich nicht. Aber man kann sich doch eigentlich wirklich nicht vorstellen, dass Donald Trump und JFK dasselbe Sternzeichen haben, oder? Woran liegt das?

Nun, es liegt an der Leichtigkeit und der Schnelligkeit dieses Sternzeichens. Es hat am meisten Tempo von allen und düst im Sauseschritt voran. Wiederum sind das erneut keine moralischen Kategorien – leicht und schnell kann überall hinführen. Aber was es vor allem dazu braucht, ist sehr, sehr viel Kommunikation. Zwillinge sind alleroberste Kommunikatoren (ja, auch Trump), und deshalb kann man es mal so zusammenfassen: Dieses Sternzeichen, ob nett oder furchtbar, ist auf jeden Fall das Glück jeder Talkshow! Mit der oberen Liste würde jeder Talkmaster und jede Talkmasterin gerne reden – und ja, auch mit al-Gaddafi. (Ist es nicht schön, wie sich jetzt gerade vor Ihrem inneren Auge das Bild von Albrecht Dürer in einer Talkshow aufbaut? Markus Lanz legt die Stirn in Falten und fragt kritisch: »Aber nur so ein Hase? Reicht denn das?« Und Dürer legt los …). Deshalb war zum Beispiel auch Inge Meysel immer der ideale Talkshowgast, auch als sie gar nicht mehr viele Rollen spielte. Sie wusste genau, wie es ging, und pampte immer erst einmal den Gastgeber oder die Gastgeberin an – getreu dem Motto: »Ich weiß gar nicht, warum ich eigentlich hier bin.« Ein billiger Trick – als ob sie den Vertrag nicht unterschrieben hätte –, aber effektiv. Das genügte meist, brachte den oder die Talkmasterin aus dem Konzept (»Ich bin doch so ein Verehrer Ihrer Kunst!«), und schon übernahm Inge die gesamte Kommunikation. Jetzt ging immer alles nach ihren Regeln, und obwohl sie bei mir, ehrlich gesagt, beim obigen Spiel ganz klar auf der unangenehmen Seite gelandet ist, behielt sie durch ihre Zwillingsenergie immer das Talkshow-Steuer in der Hand.

Auch meine gute Freundin und Zwilling Gayle Tufts ist so ein Talkshow-Gold. Stundenlang erklärt sie seit Jahren brav, charmant und witzig den Zuschauerinnen und Zuschauern ihre Heimat Amerika und das Verhältnis zwischen Deutschland und Amerika. Sie wird darin nie müde und bleibt stets totally entertaining. Was hat sie als Kind in ihrem Keller am liebsten gespielt? Talkshow! Mein liebster Zwilling!

Auch mir hat mein Aszendent durch Tausende Stunden Talkshow-Duty geholfen. Der Fisch in mir wäre wohl schüchtern geblieben, verträumt oder innerlich schon wieder auf dem

Weg nach Hause – aber der Zwilling quasselt sich durch (und erweckt dadurch übrigens oft den Eindruck von Oberflächlichkeit). Wenn ich mir meine ersten Talkshow-Auftritte heute ansehe, bin ich da noch sehr künstlerisch verhangen, »schick arty« und »anti«. Mein erster TV-Auftritt war beim Münchner Privatsender TELE 5 zu meiner Studentenzeit, und ich war in eine Lifestyle-Talkshow eingeladen (wo wir vor einem pinken Neondreieck saßen, im Dreieck, auf dreieckigen Stühlen – man mochte dort wohl Dreiecke), und zwar als Vertreter der Jugendkultur (ja, ist lange her). Ich war 24 und sah auch nach Jugendkultur aus: spitze New-Wave-Schuhe, hippe Koteletten, die mir wie die Schenkel eines Dreiecks (!) in die Backen ragten, dazu ein ernster Blick und eine sehr tiefe Stimme. Ich war hauptsächlich da, um den Anwesenden den Unterschied zwischen schwarzer und Bluejeans zu erklären, und tat das ausgiebig (schwarz: cool, neu, dufte – blue: Hippie, 70er, ekelhaft). Mein innerer Fische-Professor für Populärkultur dozierte lange vor sich hin, mein Zwillingsaszendent war aber offenbar noch nicht ganz wach. Wenn ich heute in einer Talkshow sitze, muss ich, eher im Gegenteil, meinen Zwilling oft stoppen, jenseits meines Segments nicht gleich noch den Rest der Show mit zu moderieren. Ich werde, glaube ich, auch gerne deshalb eingeladen, weil die Redaktion der Sendung das Gefühl hat, ich könnte wirklich zu *allem* was sagen. Und das stimmt auch. Denn ich bin Aszendent Zwilling. (Nur ladet bloß nicht auch noch Mit-Zwillinge wie Margot Käßmann oder Jürgen Klopp ein, dann braucht ihr mehr Sendezeit.)

Auf einer tieferen, ernsteren Ebene habe ich in meinem Beruf aber auch wirklich immer versucht, Leichtigkeit und Luftigkeit im Leben anderer zu erzeugen und auch zu verteidigen.

Indem ich solche – häufig als unwichtig angesehene – Unterhaltungsshows oder -formen wie Comedy, Karaoke oder Musicals kreiert habe, habe ich mich eigentlich immer für *joie de vivre* und Charme und Anmut eingesetzt, also die leichten, luftigen Zwillingsdinge im Leben. Und musste mich dafür auch oft genug von ehrenwerten Kulturvertreterinnen und -vertretern mit Hang zu Feuer- und Erdzeichen kritisieren lassen. Doch ich habe mich nie abbringen lassen, trällere stattdessen immer noch mit Co-Zwilling Kylie Minogue ihren Song »Your Disco Needs You!« und arbeite genauso weiter.

Die Leichtigkeit des Zwillings, gepaart mit der romantischen Fische-Leidenschaft, also das gibt doch Showbiz. Unterhaltungsshows, die von Erdzeichen gemacht werden, wirken im Übrigen auch wie solche. Also wer *jetzt* nicht an Sternzeichen glaubt …

Zum Schluss noch mein kleines Gag-Fundstück der Woche aus dem Internet dazu:

Girl: »It's not my fault, officer, I'm a Gemini and Geminis are always in hurry!«
Cop: »Wow that's crazy. I'm a Libra which means I don't give a f* * k, here's your ticket.«[3]

Mädchen: »Das war nicht meine Schuld. Ich bin Zwilling, und Zwillinge sind immer in Eile.«
Polizist: »Verrückt! Ich bin Waage, das heißt, das ist mir scheißegal. Hier Ihr Knöllchen!«

---

3 Quelle: www.boredpanda.com/funny-zodiac-memes/

ZU BESUCH BEI
PLANET KREBS

KREBS

Zeitraum: 22. Juni bis 22. Juli
Element: Wasser

Positiv:
Anschmiegsam, ausdauernd, bescheiden, beständig, einfühlend, empfindsam, entschlossen, freundlich, fröhlich, fürsorglich, gefühlvoll, gutmütig, hilfsbereit, intuitiv, klug, liebenswürdig, methodisch, mitfühlend, mütterlich, fantasievoll,
planvoll, sanftmütig, sensibel, sicherheitsliebend, sparsam,
verträglich, verträumt, widerstandsfähig und zielbewusst.

Negativ:
Ängstlich, beeinflussbar, empfindlich, labil, launenhaft, passiv, sentimental, stimmungsabhängig, unselbstständig, über-
beschützend, übersensibel und verletzlich.

Ich gebe es als Fisch ja wirklich nur sehr ungerne zu, aber das
einzige Sternzeichen, das noch kreativer ist als der Fisch, ist
der Krebs. Krebse sind geborene Künstler, und das liegt daran, dass sie in ihrer Empfindsamkeit und Sensibilität oft so
extrem sind, dass im Endeffekt nur sie selber sich und die
Kunst, die sie erschaffen, verstehen. Ich sage immer über
Krebse: »Sie sind ihre eigenen Planeten, der Rest von uns ist
nur zu Besuch.«

Diese Erkenntnis verdanke ich vor allem der Zusammenarbeit mit einer Freundin, für die ich viele Shows inszeniert habe und die, zusätzlich zu ihrem Grundzeichen, auch noch im Aszendenten Krebs ist. Wie immer bei solchen »Doppel Whoppern«, finde ich, dass man die Eigenschaften des Sternzeichens dort am besten studieren kann. Viele solcher »Doppel-Zeichen« sind meiner Erfahrung nach auch häufiger gestresst: Es fehlt der Ausgleich des »fremden« Aszendenten, und viele fühlen sich »extremer« und dadurch oft auch »eindimensionaler« als andere Menschen, bei denen der Aszendent einen zusätzlichen Akzent setzt. Und sie können sich natürlich aus nix rausreden …

Diese Freundin nun wurde beruflich zu einem Gesamtkunstwerk, und etwas anderes kommt für einen Doppel-Krebs auch wirklich nicht infrage. Sie singt, sie schreibt, sie spielt Theater – sie kann einfach alles. Aber sehr oft schon kamen andere Bekannte von mir aus ihren Shows etwas verstört heraus.

»Was will sie denn eigentlich? Was genau macht sie da?«

Ich musste noch nie jemand anderem ein Zeichen so sehr erklären wie meiner lieben Krebs-Künstlerin.

Umgekehrt verstand sie aber auch oft die Fragen der Zuschauerinnen und Zuschauer nicht. Dinge, wie zum Beispiel ein Lied über ein transsexuelles Radieschen, das von einem Auftritt in Las Vegas träumt, waren und sind für sie immer genauso logisch und klar wie für andere ein »Alle meine Entchen«. »Warum ist das Radieschen transsexuell? Und warum gerade Las Vegas?« Solche Fragen meinerseits wurden immer mit großen verwunderten Doppel-Krebs-Augen bestaunt und dann auch noch mit einer Krebs-Antwort Level 2 »beantwortet«: »Na, weil das Radieschen innerlich eine Aprikose ist!

Und das Licht in Las Vegas hat doch so was Aprikosenhaftes … Es gibt doch dort auf Showbühnen diesen Farbfilterton ›Apricot Sunrise‹! So heißt übrigens auch das Lied!«

Ende der Diskussion. Just visiting the Cancer planet. Dort macht das alles immer vollkommen Sinn.

Lustig war es auch immer, wenn der freundliche Fisch Thomas Journalist*innen oder einzelnen begeisterten, aber verwirrten Zuschauer*innen den Planet Krebs der Künstlerin erklären musste. Ich war oft eine Art intergalaktische Simultandolmetscherin für die Krebskunst. Und es wurde natürlich deshalb lustig, weil mir die hundertprozentig klare innere Krebsüberzeugung fehlte und ich so fischig ins Schwimmen kam …

»Vielleicht gibt es ja sogar transsexuelles Gemüse«, hörte ich mich nach so mancher Show sagen, »und gibt es nicht insgesamt in Las Vegas viel zu wenig Gemüse? Wovon träumen Sie persönlich?«

Mein Job als Krebs-Übersetzer wurde noch lustiger, wenn ich als Regisseur etwa Musiker*innen die Welt des Planeten K erklären musste. »Also, sie kommt nach dem vierten Takt mit der Zeile ›Gefangen, oh Herr, im Rot des Radieschens‹ raus, geht dann in die Mitte der Bühne und endet dort mit dem Satz ›Help, mon amour, je ne suis pas just the süße Gemüse‹!«

Die Blicke von Pianist und Drummerin waren unbezahlbar. Oder auch ab und zu das Gesicht eines betreuenden TV-Redakteurs, der uns mutig gebucht hatte. Bis heute denke ich, dass in einigen Reporten der damals zuständigen TV-Redakteur*innen an ihre jeweiligen Chef*innen Sätze stehen wie

»Der sogenannte ›Radieschen-Song‹ der Künstlerin kam gut an, war aber insgesamt völlig unverständlich.« Man hätte dazu nur schreiben müssen: »Sie ist Doppel-Krebs«, und alles wäre klar gewesen. Übrigens, der einzige Musiker, der immer bei *jeder* Textzeile wissend nickte, war der Cellist – auch ein Krebs. Der wohnte also auch auf dem Planeten.

Auch mein lieber »Quatsch Comedy Club« ist eine Zentrale des Sternzeichens Krebs, und das kontinuierlich seit Jahren: Meine ehemalige Assistentin Renate, jetzt Künstlerische Leiterin, unser TV-Produzent Guido und auch ein Quatsch-Familienmitglied der ersten Stunde, der Comedian Ole Lehmann, sind Krebs. Das heißt, im Juli bin ich nur am Geschenke-Einpacken! Alle drei sind seit 1992 (!) im Club und prägen und leiten meine erfolgreichste Show nun seit fast 30 Jahren. Woran das liegt? Ich zitiere noch einmal aus den positiven Eigenschaften des Sternzeichens: ausdauernd, bescheiden, beständig, einfühlend, empfindsam, entschlossen, freundlich, fröhlich, fürsorglich, gefühlvoll, gutmütig, hilfsbereit, intuitiv, klug, liebenswürdig, methodisch, mitfühlend, mütterlich, fantasievoll, planvoll, sanftmütig, sensibel, sicherheitsliebend, sparsam, verträglich, widerstandsfähig und zielbewusst! Stimmt alles bei allen dreien! Und macht jeden Tag der Zusammenarbeit so angenehm für den Fisch Thomas.

Die Liste der supersensiblen Künstler-Krebse ist extrem lang, und wirklich außergewöhnlich oft stimmt das Bild vom eigenen Planeten, auf dem man zu Besuch sein darf. Bitte stellen Sie sich diese Planeten einmal vor: Nelson Mandela. Meryl Streep. Frida Kahlo. Otto Waalkes. Gustav Mahler. Ingmar Bergman. Hermann Hesse. Ein All der Genialität! Das sind schon besonders schwere Geschütze in Kunst und Politik, und ich würde mich nur zu gerne mal mit ihren jeweiligen persönlichen Karriere-»Dolmetschern« unterhalten ...

»Ja, Frida möchte den Affen *wirklich* auf dem Bild haben ...«

»Mmh, Otto kommt erst als Heino raus, und dann wird er der sprechende Föhn von Susi Sorglos ... und dann die Milz ...« »Doch, Gustav braucht ZWEI große gemischte Chöre UND einen Knabenchor extra bei der achten Symphonie, sonst klingt es nicht gut genug ...«

Bei den prominenten Krebsen fällt *ein* Name auf, der vielleicht überrascht, denn große Kunst verbindet man erst einmal nicht unbedingt mit Angela Merkel ... Aber ein eigener Planet? Das passt doch schon. Seit Jahren weiß man doch eigentlich nicht genau, was in ihrem Kopf vorgeht, man rätselt und mutmaßt wie bei jedem guten Krebs. Sie wirkt im Grunde warm und freundlich (Wasserzeichen!) – aber was will sie genau? »Was meint die Künstlerin – äh – Kanzlerin?« Gott sei Dank werden ihr mit ihren jeweiligen Regierungssprechern ja immer professionelle »Übersetzer« zur Seite gestellt.

Mein Fazit zu allen Krebsen: Lasst uns die Werke von Kathy Bates, Ann-Sophie Mutter, Harrison Ford, Franz Kafka, Lionel Messi, George Michael, Robin Williams, George Orwell und Mireille Mathieu genießen und froh sein, dass wir ein Tagesvisum für den jeweiligen Planeten bekommen haben. Wir müssen ja nicht alles verstehen (Wer weiß schon, was das Lied »Tarata-Ting, Tarata-Tong« von Mireille Mathieu bedeutet?) und vor allem nicht übersetzen. In diesem Sinne: Enjoy your visit!

DER BLICK DER LÖWIN

LÖWE

Zeitraum: 23. Juli bis 23. August
Element: Feuer

Positiv:
Begeisterungsfähig, beharrlich, beschützend, charmant, dynamisch, energisch, entschlossen, extrovertiert, feurig, führungsstark, gerecht, großmütig, großzügig, herzlich, kraftvoll, kreativ, lebensfreudig, leidenschaftlich, liebenswürdig, mutig, natürlich, offen, optimistisch, risikofreudig, schöpferisch, selbstständig, selbstbewusst, stolz, tatkräftig, treu, unerschrocken, verspielt, wettbewerbsfreudig, willensstark und würdevoll.

Negativ:
Arrogant, dominant, eigensinnig, gefallsüchtig, großspurig, herrschsüchtig, intolerant, selbstherrlich, stur, überheblich, unberechenbar, verschwenderisch und verletzend.

Manche Sternzeichen habe ich in einem einzigen Moment für mich begriffen. Bei Widder Mariah dauerte es einen Tag, bei Stier Andi mehrere Jahre – aber beim Zeichen Löwen reichte *ein* Augenblick. Und zwar im wahrsten Sinne des Wortes.

Pop-Superstar und Löwin Madonna war nach Hamburg gekommen, um ihr neues Album zu promoten. Es war der 10. Oktober 1992, und besagtes Album war »Erotica«. Madonna war schwer auf dem Sextrip: Kurz darauf kam das

Fotobuch »Sex« heraus, in dem sich der Weltstar in allen möglichen erotischen Posen rekelte. Im Frühjahr 1993 dann ihr Film »Body of Evidence«, einer der inzwischen anerkannt schlechtesten Filme aller Zeiten – ein müder »Basic Instinct«-Abklatsch, mit dem sich Willem Dafoe nicht nur einen Scheck, sondern fast ein Karriereende abholte (ähnlich wie Kyle MacLachlan in »Showgirls«, nur da war es das tatsächliche Karriereende …). Aber zu dem Zeitpunkt wusste Madame M. noch nichts von dem Ausmaß des Skandals, den das Buch auslösen sollte, der ihre US-Karriere nachhaltig beschädigte, und von den Kritiken, die »Body of Evidence« auslösen würde (nur »Evita« konnte sie retten …). Sie war die absolute Queen of Pop. Weltweit. Nur der »SPIEGEL« war, wie immer in Fragen des Entertainments, genau informiert: »Die Ära Madonna neigt sich ihrem Ende zu.« 1992. Nun ja.

Hamburg war in Aufruhr. Es war sowieso äußerst selten, dass Pop-Superstars einmal ins kühle Hamburg kamen, und nicht nach Berlin oder München. Und dann ausgerechnet Madonna! In einen klassischen »Omi isst Kuchen«-Gastro-Tempel an der Alster mit dem Namen »Alsterpavillon«! Es war alles unglaublich.

Durch diverse Verbindungen und meinen damals schon langsam wachsenden Ruf als schrilles Huhn und Pop-Fanatiker (meine Karaoke-Shows liefen gut und waren regelrechte Gottesdienste der Popkultur) und vielleicht auch, weil ich wirklich allen erzählt hatte, dass ich in New York immer Lieder von Madame auf der Bühne auf Deutsch gesungen hatte (»Wie eine Jungfrau« und »Materielles Mädchen«), hatte ich *wirklich* eine Einladung zu diesem Abend erhalten. Ich war völlig außer mir – war ich doch Madonna-Fan der ersten

Stunde – und beschloss natürlich, der »Vogue«-Göttin und queeren Ikone in einem angemessenen Outfit vor die Augen zu treten: in einem Zebra-Minikleid, mit Zebra-Pumps in Glitzer, Zebra-Tasche, mit Zebra-Handschuhen und einem Zebra-Haarreif über einer Sixties-Go-go-Girl-Perücke. Dazu Andy-Warhol-Make-up (Panda-Augen, blasser Lippenstift, Wimpern in Brikettform) und viel Sekt im Vorfeld. Zusammen mit meinem Gatten hatte ich mir Mut angetrunken für die Begegnung mit meinem Idol, und als wir im Schanzenviertel ins Taxi stiegen, war es das erste Mal in meinem Leben, dass ich im Radio eine Live-Übertragung von dem Event hörte, zu dem wir fuhren.

»Pass auf«, kicherte ich meinen Mann an, »gleich sagt die Reporterin, eine eins neunzig große Zebra-Transe steigt aus dem Auto!«

Ich war aufgeregt wie selten. Ein verträumter Fisch kurz vor der Erfüllung seines Traums. Wir kamen an, ich ging wirklich an der Radio-Reporterin vorbei, die meinen Auftritt kommentierte, wir liefen die Treppen hoch, durch das Einlass-Prozedere und … waren drin! Nicht »In Bed with Madonna«, aber bald »In a Party with Madonna«!

»Bald« ist ein dehnbarer Zeitbegriff, denn wie bei jedem Superstar dauerte ihr großer Auftritt natürlich. Wir waren überpünktlich (man möchte ja wirklich in seinem Lebenslauf nicht *Madonna* vertrödelt haben), und der Star ließ auf sich warten. Denn natürlich kam sie nicht einfach zur Tür rein, sie wurde mit einem Schiff über die Alster gefahren! Aber noch nicht. Also hatte man erst einmal Zeit, das Buffet zu bearbeiten und mehr Sekt zu trinken. Und da passierte das erste Malheur des Abends: Vor lauter Aufregung schwitzte ich wohl etwas und hatte nicht genug Wimpernkleber auf die Brikett-Wimpern aufgetragen, die auch wirklich schwer waren. Auf jeden Fall fiel mir mitten am Buffet eine Wimper in den He-ringssalat (das Buffet war hanseatisch). Plötzlich stand ich also da mit einem vollen Teller und einem halben Auge. Und einer Wimper, die nach Fisch roch (mochte Madonna wirk-lich Heringssalat?). Ich hatte vor Aufregung natürlich den Kleber zu Hause vergessen.

»Kein Problem«, dachte ich jedoch angesichts der vielen an-deren Dragqueens, die sich ähnlich hübsch gemacht hatten, um bei Madame eine »pose« zu »striken« ... »Meine schwu-len Schwestern werden mir schon helfen.«

Aber von wegen! Von Drag zu Drag rannte ich und fragte nach Wimpernkleber, erntete aber nur mitleidige Absagen. »Ihr Biester«, schimpfte ich gedanklich, »natürlich habt ihr Kleber dabei, aber ihr wollt nicht, dass diese Zebra-Queen euch alle überstrahlt.«

Da tutete draußen das Schiff. Sie kam. In einem Akt der Verzweiflung riss ich mir die andere Wimper auch noch run-ter. Wenigstens synchron im Gesicht. Der DJ spielte »Erotica« an, und sie kam herein.

Ohne nach links und rechts zu gucken, ging sie mit ihrer En-tourage durch unsere Partymenge und setzte sich in einen abgekordelten Bereich. Wir klatschten. Ich hielt mir wäh-renddessen ein bisschen die Hände vors Gesicht, wegen des Wimpernfiaskos, und alle waren angemessen aufgeregt. Der DJ wechselte zu »Justify my Love«, und wir tanzten.

Was passierte nun? Eigentlich nichts. Madonna saß hinten in der Ecke und wir hofften, dass sie kein Double war. Wir tanzten weiter zu ihrer neuen Platte, die wirklich gut war, aber dafür waren wir da. Wir wollten sie ja von Nahem sehen, kennenlernen, am liebsten mit ihr auf ihrem Boot verschwinden. Es musste etwas passieren! Attacke!

Zum Glück hatte ich eine Freundin von mir getroffen, die nicht nur hübsch war, sondern auch viel mutiger als ich. »Komm, wir gehen jetzt hin«, verlangte sie.

»Spinnst du?«, sagte ich und sah ihr aufforderndes Gesicht. »Na gut, aber wenn, dann tanzen wir hin …«

Wir hoppelten also im Discoschritt rüber zur Absperrung. Links ein Bodyguard, rechts ein Bodyguard, dahinter Madonna im Gespräch mit einem sehr hübschen jungen Mann, offensichtlich ihr Freund oder Boytoy für den Abend. Ich starb vor Aufregung und Panik. Wenn ich wenigstens noch beide Wimpern gehabt hätte. Die Frau hatte die schönsten Dragqueens der Welt gesehen. Und nun stand *ich* hier – ein wimpernloses Zebra mit zu viel Zähnen und einem dümmlichen Fan-Grinsen im Gesicht. Aber sie würde sowieso nicht hersehen. Sie war ja beschäftigt.

Und jetzt passierte das, weshalb diese flotte Geschichte im Buch gelandet ist. Das wichtigste Adjektiv, das bei der Beschreibung von Löwen immer fällt, ist »territorial«. Es geht immer um IHR Gebiet, IHRE Herrschaft, IHRE Domäne. Du existierst zwar auch, aber entweder als Gleichgestellter, dann gibt es einen Kampf, oder als Diener. Dazwischen gibt es nix. Deswegen geht das mit dem Frieden stiftenden Hippie-Dippie-Fisch so schlecht und deshalb muss ich im August kein einziges Geschenk kaufen. »Bist du auf meinem Level oder bist du was zum Essen?«, fragt der Löwe. Oder eben die Löwin.

Folgendes passierte also in Zeitlupe: Madonnas Begleiter entdeckte meine Freundin, die ja, wie schon erwähnt, sehr hübsch war. Sie hob frech ihr Glas und prostete ihm zu, weil sie ja wollte, dass wir alle zusammen gleich hinter der Kordel richtig abfeierten und ich mein Idol treffen konnte. Er prostete zurück. Madonna bekam das mit und drehte den Kopf zu uns.

Erwähnte ich schon das Wort »territorial«??? Ich habe noch NIE so einen Blick gesehen. Nicht vorher und nicht nachher. Sie sah erst meine Freundin an, die offensichtlich zu weit gegangen war (dabei hatte ihr Boytoy ja angefangen!), und dann mich – ein zitterndes, dünnes Zebra ohne Wimpern, eine Provinz-Dragqueen in Hamburg, einer Stadt mit Heringssalat, die ihr schon sowieso nichts bedeutete. Der Blick war kühl. Ich meine, eisig. Ich meine, »Ich werde euch beide zerstören, ihr billigen deutschen Flittchen, und ihr werdet es nie wieder wagen, im Umkreis von 1000 Kilometern in meinen Orbit zu kommen, in den Orbit der obersten, besten, erfolgreichsten Pop-LÖWIN des Universums!«.

Wir schlichen davon, zurück an die Bar, und betranken uns alle schrecklich. Kurz danach verließ Madonna die Party. Bestimmt unseretwegen. Wie ich am nächsten Tag aus der Presse erfuhr, hatte sie den DJ dreimal auswechseln lassen, war um halb zwölf verschwunden und hatte deutsche Stars wie Marius Müller-Westernhagen mit keinem Blick beachtet. So ist die Löwin. Und so hat sich Madonna ihre ganze weitere Karriere verhalten. Als ich Jahre später noch einmal auf einem Konzert von ihr war, schrie sie ihre Fans in der ersten Reihe an, die Stunden auf sie gewartet hatten: »Don't you adore me! Kneel down before the Queen of Pop!!!«

Hier noch einmal die negativen Löwe-Eigenschaften: arrogant, dominant, eigensinnig, gefallsüchtig, großspurig, herrschsüchtig, intolerant, selbstherrlich, stur, überheblich, unberechenbar, verschwenderisch und verletzend.

Und ja, es gibt auch Barack Obama ... Aber an jenem Abend habe ich dieses Sternzeichen verstanden. Und mache seitdem einen großen Bogen darum.

ODE AUF DIE JUNGFRAU

JUNGFRAU

Zeitraum: 24. August bis 23. September
Element: Erde

Positiv:
Analytisch, arbeitsam, behutsam, bescheiden, ehrlich, exakt, fleißig, flexibel, fürsorglich, geschickt, gründlich, intelligent, klug, lernbegierig, logisch, methodisch, objektiv, ordnungs-liebend, pflichtbewusst, praktisch, rational, realistisch, sach-bezogen, sorgfältig, sparsam, strukturiert, überlegt, vernünf-tig, vielseitig, zielstrebig, zurückhaltend und zuverlässig.

Negativ:
Ängstlich, hypochondrisch, intolerant, kleinlich, kritisch, kühl, misstrauisch, nörgelnd, pedantisch, perfektionistisch, rechthaberisch, unzufrieden und verklemmt.

Das Sternzeichen Jungfrau bekommt in der Diskussion im-mer nur das Schlechteste ab. Und zwar nicht dramatisch schlecht, wie bei Löwe, Stier oder Steinbock, oder verhangen schlecht, wie beim Krebs, sondern schlecht wie langweilig. Fragt man nach Klischees über Jungfrauen herum, kommt in 99 Prozent der Fälle das Wort »ordentlich« mit einem negati-ven Unterton. Gefolgt von »pedantisch, sparsam, fad«. Es ist wirklich gemein, wie die redliche Jungfrau am Astrologie-Stammtisch gedisst wird – und ich möchte das in diesem Ka-pitel vehement anfechten. Denn ich bin nicht nur Sohn einer

Jungfrau (aber nicht Jesus), eng befreundet mit vielen Jung-frauen, sondern auch verheiratet mit einer Jungfrau. Für mei-ne verträumte Fische-Existenz ist die Jungfrau das Beste, was mir passieren konnte! Ordnung kann heilen! Sagt nicht nur Marie Kondo.

Wer zu meinem Mann und mir in die Wohnung eingeladen wird, bekommt von mir immer unsere Schränke gezeigt. Un-sere Schränke sind die Domäne meines Mannes, ich habe seit Langem schon aufgehört, mich damit zu beschäftigen. Und zwar nicht maulig aufgehört und gemeckert, sondern mich entspannt zurückgelehnt, wenn ich einen Meister seines Fa-ches (Achtung, Wortspiel!) auf seiner absoluten Höhe erlebe (auch im Showbusiness ist das wichtig – man hält einfach die Klappe, wenn Barbra Streisand singt). Unsere Schränke sehen aus wie kleine Läden, in denen alles nicht nur ordentlich, son-dern geradezu appetitlich präsentiert wird. Kleine Lichter ge-hen an, Dinge liegen auf Plexiglas-Emporen, in Plexiglas-Schachteln und in Plexiglas-Schubern. Denn das Prinzip meiner geehelichten Jungfrau ist – und das schon lange VOR Marie Kondo: Was man nicht sofort sieht, das nervt. Er will nicht kramen, nicht auf- und zuziehen, nicht wühlen. Alles, was es gibt, muss sofort zu sehen und auszuwählen sein. Die-ses Prinzip, das ich als romantischer Fisch lange angezweifelt habe, weil ich von verstaubten »Belle Époque«-Truhen mit in Damast eingewickelten Schmuckstücken träumte, ist inzwi-schen nicht nur das Beste, was mir passieren konnte, ich lobe und preise es täglich! Wie oft habe ich früher in meiner Vor-Jungfrauen-Zeit ein Pflaster gesucht, in einer Packung voll Pflaster, in einer Kiste, auf der »Medizin« stand, in einem Re-gal im Badezimmer, unter den Handtüchern links und hin-ter der Shampooflasche. Um mich dann zu ärgern, weil das

Pflaster, das ich von der Größe her brauchte, nicht mehr vorhanden war, aufgebraucht, alt oder verschimmelt. Und ich wieder einmal fast verblutete wegen meines Fische-Chaos (die »Belle Époque«-Pflaster in der Jugendstil-Pflaster-Truhe waren aus). Heute öffne ich EINE Tür und sehe die Pflaster schon in EINER transparenten Box, in verschiedenen Größen. Und jetzt kommt der Gipfel: Wenn ein Produkt aus ist, macht die Jungfrau eine Notiz und das Produkt wird ERSETZT. Und zwar zackig! Das heißt, schon in spätestens drei Tagen kann ich mich wieder schneiden. Und sterbe nicht.

Ich liebe inzwischen dieses System und bin mir auch bewusst, dass ich hier absolut von der Jungfrauen-Energie profitiere. Nicht nur profitiere, sondern eigentlich sogar schmarotze. Mein Fisch schwimmt entspannt durch eine logische Welt, die er selber niemals hinkriegen würde. Und kann sich so auf seine Kernkompetenz konzentrieren – Kunst machen und Leute einladen.

Nicht nur unsere Badezimmerschränke sind so geordnet, alles in der Wohnung ist perfekt. Der Kühlschrank. Die Kleiderschränke. Der Schrank für Reinigungsmittel (zum Nachfüllen!). Wenn Marie Kondo bei uns vorbeikäme, sie könnte *nichts* finden, das sie ändern müsste. Im Gegenteil, ich glaube, sie hätte in meinem Mann ihren Meister gefunden.

Der einzige Raum, der alle Regale noch toppt, ist unsere Garage. Dorthin verliere ich meinen Mann öfter mal für Tage. In unserer Garage kann man wohnen. Die ist eigentlich kein Abstellplatz für unser Auto, sondern ein »car, work, store, living«. Sogar in unserem Werkzeugschrank sieht man beim Aufmachen jede Schraube. Ich gerate ins Schwärmen …

Die klassische Promi-Jungfrau ist für mich Claudia Schiffer, und auch sie musste sich sicher jahrelang anhören, sie wäre nicht so feurig wie Linda Evangelista (Stier), nicht so hysterisch wie Naomi Campbell (Zwilling) und nicht so sinnlich wie Cindy Crawford (Fische) … Aber eben immer pünktlich, fleißig und superprofessionell. Deshalb wurde sie bestimmt auch immer lieber gebucht als die anderen und machte ihren Weg aus Düsseldorf zu den Sternen. Mit Virgo-Power!

Auch meine liebe Mama hat sehr, sehr aufgeräumte Schränke, allerdings noch mit einer kleinen zusätzlichen Jungfrauen-Spezialität: Sie schmeißt äußerst ungern etwas weg. Was dazu führt, dass die Dinge, die sie lange behält, noch sorgfältiger sortiert werden (bei mir gibt es im Schrank das »Ordnungsprinzip« neu vorne, alt hinten). Die Königinnendisziplin bei meiner Mama sind alte Gebrauchsanleitungen. Sie werden ALLE abgeheftet in einen Ordner, über Jahre hinweg, und sind jederzeit mit einem Griff zur Hand. Eventuell könnte man die Bedienungsanleitung eines Radioweckers von 1978 mal wegwerfen – muss es aber ja nicht. Vielleicht braucht man sie ja doch eines Tages. Und findet sie dann unter R. Auch die Fotoalben meiner Mama sind perfekt geführt. Nach Jahreszahlen chronologisch sortiert und mit Bemerkungen, was und wer auf dem Bild zu sehen ist. Jeder, der sich inzwischen durch seine 1000 Handyfotos wühlt, um das *eine* schöne vom Strand zu finden, würde sich meine Mama als Photo Personal Assistant wünschen. Oder eine andere Jungfrau.

Deshalb, liebe Rest-Zeichen: Gebt endlich zu, dass auch ihr Ordnung in Form der Jungfrauen-Energie braucht! Gerade Wasser- und Luftzeichen kämen doch ohne sie gar nicht zurecht! Vernünftig, arbeitsam und sparsam zu sein, ist nichts

Schlechtes – und trotzdem wird die arme Jungfrau immer wieder schlechtgemacht. Gott sei Dank hat sie die Ruhe weg, mit ihrem Ruf zu leben. Denn sie weiß natürlich im Inneren:

1. Damit lebt es sich besser.
2. Kann man sich ja zum Beispiel einen Fisch anlachen, der etwas liebvolles Chaos stiftet.

Ganz am Anfang unserer Beziehung, so 1993, habe ich mit meinem Mann mal in New York in einem Buch geblättert – „Astrology for Gay Couples« –, und ich weiß immer noch genau, was da über unsere Kombi stand: »Fische und Jungfrau haben dasselbe Ziel, gehen aber dorthin genau umgekehrte Wege.« Und das kann ich bis heute, auch nach fast 30 Jahren, unterschreiben. Und was für ein schönes Ziel!

Zum Abschluss das Jungfrauen-Mantra der großartigen Sängerin und Schauspielerin Zendaya: »I do it best when I do it myself. I'm a Virgo and I know what I like.«
    Eben.

WAS WILL DIE WAAGE?

WAAGE:

Zeitraum: 24. September bis 23. Oktober
Element: Luft

Positiv:
Anmutig, ausgewogen, ausgleichend, charmant, diplomatisch, Du-orientiert, ehrlich, friedliebend, fröhlich, geistvoll, gerecht, gesellig, harmoniebedürftig, höflich, intelligent, kontaktfähig, kultiviert, mitfühlend, optimistisch, fantasievoll, rücksichtsvoll, sensibel, schmeichelnd, sinnlich, taktvoll, umgänglich, verbindungsfähig, vermittelnd, verständnisvoll und warmherzig.

Negativ:
Arrogant, bequem, eitel, empfindlich, heuchlerisch, konfliktscheu, lau, leichtgläubig, oberflächlich, überangepasst, unentschlossen, vage, verletzlich und wechselhaft.

»Libra culture is wanting a tattoo their whole life but never getting one because they might regret it later.«[4]

»Eine Waage will ihr ganzes Leben lang ein Tattoo, aber lässt sich nie eines stechen, weil sie es später bereuen könnte.«

4   https://twitter.com/cancermajesty?lang=de

Ich kenne keine Waagen. Wirklich nicht. Außer an eine einzige liebe Schauspielkollegin habe ich Ende September bis Mitte Oktober nichts zu verschenken. Das ist so ein Monat, wo der Kalender leer ist. Eigentlich komisch, denn zu Luftzeichen habe ich ja eigentlich einen guten Draht. Aber während ich mit Wassermännern anstoße und mit Zwillingen feiere, ist mir die Waage fremd und rätselhaft. Und das ist ja wieder mein Gegenargument bei allen Astro-Gegnern: Das kann doch eigentlich nicht zufällig so sein. Kein »Happy Birthday« vom 24. 9. bis 23. 10. jedes Jahr. Zufall? I don't think so!

Um für dieses Kapitel voll privatem Unwissen mal richtig zu recherchieren, habe ich mich nun aufgemacht, um eine Waage zu interviewen und zu verstehen. Eine gute Bekannte einer Bekannten, ich nenne sie mal Frau M. aus M., war spontan bereit, mir die Grundfragen zu ihrem Sternzeichen zu beantworten. Und das, obwohl Waagen wohl grundsätzlich gar nichts schnell zusagen. Da habe ich wohl Glück gehabt!

Thomas Hermanns:

»Die Waage wird bei den guten Eigenschaften oft mit ›kultiviert, diplomatisch, schöngeistig‹ beschrieben – können Sie das bei sich nachvollziehen?«

Frau M. aus M.:

»Prinzipiell ja. Die Waage hat ja dieses doppel-beidseitige Element, die Waagschalen, die ständig im »On« sind ... Das heißt, auch im Wechselspiel miteinander. Das heißt für mich, dass es durchaus auch mal derb, schlicht, einfach, down to the ground sein darf für die Gegensätzlichkeit, denn wenn es danach richtig schön und etwas Besonderes sein soll, dann bitte wieder kultiviert und auch gerne glamourös und luxuriös ...

Was die anderen oft besprochenen Attribute im Zusammenhang mit ›kultiviert‹ und ›schöngeistig‹ betrifft, so kann ich das für mich schon ziemlich nachvollziehen. Auch noch heute würde mich kein naturwissenschaftliches Thema aus der Reserve locken können, mein Interesse gilt der Liebe zur Sprache in all ihren Ausformungen: als wichtiges Kommunikationsmittel für den mir wichtigen (schöngeistigen) Dialog mit Gleichgesinnten und Freunden. Eine gewisse Sprachgewandtheit war mir schon als Schülerin mit mangelnden Fremdsprachenkenntnissen wichtig und wurde seither aus diesem Grunde immer weiter gepflegt, um Austausch und Kommunikation auch in anderen Ländern zu ermöglichen. Ansonsten umgebe ich mich gerne mit allem für mich Schönem: mit schönen Farben, Formen, Literatur ...«

Thomas Hermanns:

»Bei den negativen Seiten steht ›unentschlossen, vage, wechselhaft‹. Wie sieht es damit aus?«

Frau M. aus M.:

»Ja, klar! Die Waage ist ein Luftelement, sie ist leicht und etwas flatterhaft ... und hat eben auch hier ihre zwei Waagschalen, die von ihrem Ringen mit der Ambivalenz zeugen. Sie findet es furchtbar schwer, Entscheidungen zugunsten einer Seite zu treffen, sich festzulegen, Position zu beziehen, während im Hintergrund das ständige Aktualisierungsprogramm läuft – beide Seiten zu befrieden, versöhnen oder näherzubringen und vor allem niemanden zu enttäuschen. Das kann sie ganz schlecht aushalten, denn in ihren Augen hat doch alles seine Berechtigung, wenn man es quasi von der jeweiligen Waagschale aus betrachtet. Erst, wenn sie für sich zu erkennen glaubt, dass die andere Seite weder Empathie noch die Bemühung aufzubringen gewillt ist, auch die Gegenseite zu verstehen, und sie glaubt, dass ihre Bemühungen ›Perlen vor die Säue‹ sind, dann erst fühlt sie sich entbunden von dieser Verpflichtung, allem und jedem gerecht werden zu wollen – und dann kann sie sich (endlich) entscheiden. Aber dafür muss man sie, wie gesagt, schon ziemlich reizen mit Starrsinn, grober Unhöflichkeit und Respektlosigkeit und sonstigen ›gemeinen‹ Handlungen.

Wechselhaft, ja … im (ständigen) Wechsel mit den verschiedenen Optionen. Schnell begeisterungsfähig, denn jede Option verdient erst einmal das Wohlwollen und eine positive Betrachtung. Andererseits wäre etwas mehr Kritikfähigkeit und etwas weniger Begeisterungsfähigkeit hilfreich und würde weniger zu Stimmungsschwankungen und Berg- und Talfahrten ob gemachter Erfahrungen führen. Als Beispiel ist jeder Urlaubsort zunächst ganz toll, auch wenn er weder den erhofften Luxus (siehe oben) noch den tollen Ausblick bietet. Aber erst wird all das Positive zusammengefasst, in die Waagschale geschmissen und begeistert gesammelt, es werden schon erneute Rückkehrpläne an diesen Urlaubsort geschmiedet und auch angemeldet, bis dann nach einigen Tagen die Begeisterung der Realität weicht. Die Autobahn ist eigentlich doch zu laut. Und Bettwanzen möchte man dann auch nicht mehr.«

Thomas Hermanns:

»Welchen Aspekt bei Waagen übersehen klassische Horoskope oft?«

Frau M. aus M.:

»Dass die Diplomatie und das Streben nach Frieden und Harmonie nicht einfach nur hehre Charaktereigenschaften sind, sondern auch einem inneren Dilemma unterworfen sind, nämlich, dass sie niemanden kränken oder gar verletzen möchte. Deshalb würde ich eher auch mal nicht ganz aufrichtig sein, um nicht ›Nein‹ sagen zu müssen oder gar jemanden zu enttäuschen, denn ›nicht nett zu sein‹ ist der Waage zutiefst zuwider. In diesem Falle, obwohl mir die Wahrheit heilig ist, würde ich eher zu einer Notlüge greifen (und mir für nachher eine Lösung ausdenken) und den Zweck die Mittel heiligen lassen.

Außerdem fällt es den Waagen einfach aus den oben beschriebenen Gründen schwer, sich das Recht zu nehmen, einfach mal zornig zu sein, ohne dieses ständige Eruieren, ob der andere nicht doch recht haben könnte aus seiner Warte, ob ihn der Zorn kränkte, ob er verletzt sein könnte ... Und ob man nun etwa zu unhöflich und ›unnett‹ zu ihm wäre.«

Thomas Hermanns:

»Was würden Waage-Menschen nie tun?«

Frau M. aus M.:

Sich einfach über jemanden hinwegsetzen, über seine Ansichten, seine Bedürfnisse, einem Gesprächspartner das Gespräch verweigern und sich seiner Argumentation verschließen. Denn sie alle haben ja nach der Waage-Logik ihre Berechtigung. (Es sei denn, ... siehe Punkt 3).«

Thomas Hermanns:

»Was würden Waage-Menschen heimlich mal sehr gerne tun?«

Frau M. aus M.:

»So richtig die Sau rauslassen! Sprich, einfach mal ›sein‹, ohne das Korsett des ständigen Abwägens und Eruierens bezüglich der eigenen Nettigkeit, Fairness, Rücksichtnahme, und genau die Rücksichtslosigkeit an den Tag legen, die mich bei anderen auf die Palme bringt. (Was eigentlich bedeutet, dass es reiner Neid ist, wenn man sich dann mal das Recht zum Zornig-Sein herausnimmt. Neid darauf, dass der andere sich so hemmungslos auf meine Kosten [also die der Waage] auslebt und sich nicht um seine Höflichkeit, Nettigkeit oder Argumente schert und eigentlich nur *seine* Interessen vor Augen hat – unabhängig davon, was die anderen von ihm denken, genau das Gegenteil von dem also, worum die Waage ständig bemüht ist.)

Folgendes noch mit einem Augenzwinkern. Mein Freund Torsten sagte mal so schön: ›Also Frau M., ich weiß gar nicht, wie du überhaupt noch gut schlafen kannst, wo doch Krieg in X und Y und etc. herrscht und du für alles verantwortlich bist ...‹ Das ist der andere Punkt: Es wäre schön, sich nicht auch noch, um mal zu übertreiben, für den Weltfrieden verantwortlich zu fühlen, nicht im Background das ständige Aktualisierungsprogramm laufen zu haben und die Energie nicht ständig dafür zu verbrauchen, sich zu denken, was jetzt generell schiefläuft oder was das Gegenüber nun gerade denkt, fühlt und eigentlich sagen will. OMMMMM!«

Fazit:

»Ich bin eine Waage mit Aszendent Schütze. Soll heißen, ich habe mehrere Waage-Freundinnen mit Aszendent Stier, Element Erde – und kann in dieser Konstellation durchaus Gegensätzlichkeiten, gerade bei den herkömmlichen Attributen, sehen. Da ergäben sich bei den Fragen 3, 4 und 5 sicherlich andere Antworten. Wobei mir eine Tatsache hierbei immer wieder auffällt: Keine kann auch nur einen Hauch von mangelnder Fairness oder Ungerechtigkeit ertragen, nur dass sich die Vehemenz, dagegen vorzugehen, grundsätzlich unterscheidet.«

Nach diesem Interview habe ich mir noch einmal die berühmten Waagen angeschaut – und ich finde, dass von allen Prominenten die bezaubernde Julie Andrews am perfektesten dieses Sternzeichen verkörpert. Neben Frau M. natürlich ...

DER ELEFANT UNTER
DEN STERNZEICHEN

SKORPION:

Zeitraum: 24. Oktober bis 22. November
Element: Wasser

Positiv:
Analysierend, ausdauernd, belastbar, bewahrend, engagiert, ehrgeizig, entschlossen, fleißig, forschend, furchtlos, geheimnisvoll, grübelnd, intelligent, instinktiv, kraftvoll, kreativ, leidenschaftlich, mutig, mysteriös, selbstkritisch, tiefschürfend, unergründlich, unerschrocken, widerstandsfähig, willensstark, zäh, zielstrebig und zuverlässig.

Negativ:
Eifersüchtig, gerissen, jähzornig, kompromisslos, machtgierig, manipulierend, misstrauisch, nachtragend, pessimistisch, rachsüchtig und rechthaberisch.

Das überraschendste Wassersternzeichen ist sicher der Skorpion. Denn all das, was der freundliche Fisch und der abgespacte Krebs an Grundverträumtheit und Grundvertrauen in All und Menschheit haben, ist beim Skorpion erst mal nicht vorhanden. Es ist ein eher dunkles Zeichen, hochintelligent, aber oft etwas kühl. Entschlossen bis hin zu Köpfung von Gegnern. Und vor allem vergisst der Skorpion nie etwas. Das Wort »nachtragend« klingt vielleicht zu negativ, aber Fakt ist, dass kein Skorpion einen Vorfall – sei er positiv oder negativ – je vergessen wird. »Weißt du noch, die Bootsfahrt im Sommer 1994?«, so fangen viele Skorpion-Geschichten an. Der Skorpion ist der Elefant unter den Sternzeichen.

Mein guter Freund Georg Uecker, Schauspieler, Moderator, »Lindenstraßen«-Star und LGBTQ-Ikone, ist ein typischer Skorpion. Er ist auch der einzige Skorpion – außer meinem Vater – in meinem engsten Beziehungsumfeld, denn grundsätzlich trauen Fische Skorpionen nicht über den Weg. Sie haben Angst vor dem berühmten Skorpionstachel und schwimmen daher lieber um den Skorpion herum. Skorpione glauben außerdem nicht an Sternzeichen, das ist für Fische natürlich sowieso nicht akzeptabel.

Georg ist mein Ausnahme-Skorpion. Wir sind seit über 30 Jahren befreundet, und wahrscheinlich ist es ein harmoniefähigerer Aszendent bei ihm, der den harten Skorpion für mich Fisch sanft ausgleicht. Natürlich weiß er seinen Aszendenten nicht und schert sich auch nicht drum, denn er ist ja Skorpion. Zum Thema Elefant: Georg bezeichnet sich selber als »wandelndes Lexikon«. Nicht umsonst ist er einer der häufigsten Telefonjoker bei »Wer wird Millionär?« – er hat einfach den größten Datenspeicher im Kopf, den ich je erlebt habe. Und zwar nicht nur eher klassische Daten wie Fußball-WMs oder Landeshauptstädte weltweit ... Nein, eines seiner Lieblingsgebiete ist der Eurovision Song Contest, und es gibt niemanden in Deutschland, der so zielsicher den dritten Platz von 1979 abrufen kann. Wir haben ja auch 2007 zusammen die Pre-Show vom ESC in der ARD moderiert, und während ich heute noch ganz grob die besonders extremen Acts oder Kostüme in Erinnerung habe und immerhin die Gewinner kenne, so weiß Skorpion Georg noch alles, als wäre es gestern gewesen. Jedes

Land, jedes Jahr, jede Platzierung. Einmal bekam er in einer Quizshow eine Masterfrage mit einer hohen Gewinnsumme ausgerechnet zum ESC gestellt. Niemand in der Redaktion der Sendung hätte gedacht, dass Herr Uecker vier Lieder mit Dada-Titeln (»Bum Bum«, »La La La« etc.) ihren Ländern zuordnen könnte. Aber natürlich konnte er es und gewann viel Geld. Mein Tipp also an die Gameshow-Redakteur*innen: Keine Skorpione einladen, wenn ihr sparen wollt.

Auch bei unseren gemeinsamen Freundschafts-Erinnerungen ist Herr U. erschreckend exakt. Wenn jemand noch weiß, wann ich beim wievielten Kölsch zu welchem Karneval vom Hocker fiel, dann er. Ich zittere schon vor der unautorisierten Biografie, die er über mich schreiben könnte: »Herr Hermanns – Der Fisch muss schwimmen«. Da wären Details drin, die ich nicht einmal durch Tiefenhypnose an die Oberfläche bekommen würde. Aber der Skorpion ist ja auch bewahrend und geheimnisvoll, und vielleicht bleibt diese Freundschafts-Dose der Pandora ja zu. Wenn ich mich gut benehme …

Lustigerweise führt das genaue Skorpion-Gedächtnis bei Herrn Uecker zu einer Eigenart, die viele Erdzeichen (wie Jungfrauen oder Steinböcke) regelmäßig auf die Palme bringt. Herr Uecker geht sehr gerne ins Theater, besonders in große Musicals im In- und Ausland. Er weiß natürlich auch immer, wo und wann welche Show spielt, und ist ein begnadeter Ticket-Organisator. Also landet man mithilfe seiner Organisationskünste öfter mal in herrlichen Aufführungen in London, Hamburg oder Paris, die man als verträumter Fisch einfach verschlafen hätte. Der Skorpion erinnert sich und organisiert. Nun kommt aber noch eine lustige Eigenart hinzu: Die typischen Skorpion-Charakterzüge »furchtlos, belastbar und analytisch« führen nämlich dazu, dass Herr Uecker niemals – und ich betone, NIEMALS –, sagen wir, eine Viertelstunde vor Beginn der Show am Theater ankommen würde. Oder zehn Minuten. Oder fünf. Nein, der zielsichere und furchtlose Skorpion kommt immer genau dann in den Zuschauerraum, wenn das Licht bereits abdunkelt und die Ouvertüre in 15 Sekunden anfängt. Andere weniger furchtlose Sternzeichen, darunter ich, saßen schon in London, New York und Tokio leicht nervös auf ihren Plätzen und schauten voller Anspannung auf den einzigen Platz im ganzen Zuschauerraum, der noch leer war. Und immer – und ich betone, IMMER – öffnet sich, noch fünf Sekunden bevor der Dirigent den Taktstock hebt, die Saaltür, die gerade geschlossen wurde, und Herr Uecker marschiert in den Raum, sucht seine Reihe, findet seinen Platz – und dann geht es los. Es gibt ein schönes Sprichwort in unserem Freundeskreis: »Die Show fängt nicht an, bevor Herr Uecker sitzt.« Das schafft nur ein Skorpion.

Dass Skorpione zäh sind, ist ebenfalls bekannt, und über Herrn Ueckers Zähigkeit, mit der er sein Leben lang Krisen und Herausforderungen überstanden hat, hat er selber ein tolles Buch geschrieben. Nur so viel dazu: Die klassischen Skorpion-Eigenschaften »zäh, willensstark und zielstrebig« sind nur der Anfang seiner Geschichte …

Der einzige andere Skorpion in meinem Leben ist mein Papa, und bei ihm waren immer die Eigenschaften sehr präsent, die auch die andere Seite des zielstrebigen Skorpions ausmachen: das Grüblerische, Tiefschürfende und manchmal fast Mysteriöse. Und das bei hohem Intellekt – denn das ist für mich das ganz Besondere der Skorpione: sehr schlaue und analytische Menschen, aber mit einer dunklen, fast depressiven Seite. Mein

87

Vater brachte diese beiden in seiner Vorliebe und seinem Hobby »Moderne Lyrik« zusammen. Er liebte das Knappe, oft Kühle, artifiziell Intellektuelle an modernen Gedichten, am liebsten in der Kombination mit dem Dunklen, Vergrübelten und Tiefen. Er sammelte seine Gedichte in einer großen Computerdatei, und als ich zu seinem 85. Geburtstag eine Lesung dieser »Schatztruhe« für ihn organisierte, war ich doch baff, wie tieftraurig oder besser noch tiefsinnig-grau seine Lieblingsgedichte waren. Da war nichts von der Freude im Frühling oder dem bunten Blumenbeet zu spüren – fast alle Gedichte gingen um den Tod, existenzielle Zweifel, und wenn es Naturbeschreibungen gab, dann von grauen Feldern mit ein paar Krähen drauf. Dem Skorpion bringt das ganze Analytische oft nicht den inneren Frieden. Dazu braucht es dann oft die Liebe eines Fisches, Wassermanns oder – am besten – die einer Jungfrau.

Berühmte Skorpione, außer Georg Uecker und meinem Papa, sind zum Beispiel Ryan Gosling, Kurt Krömer und Hillary Clinton. Man hat bei ihnen, finde ich, ganz klar das Gefühl, dass man es sich mit ihnen nicht verscherzen will.

PS: Auch das Internet stöhnt manchmal über Skorpione:
»Hate when people use their zodiac to justify shitty behavior like ›Sorry, I can't help it, I'm a Scorpio‹.
No, Susan, you're just a bitch.«[5]

»Ich hasse es, wenn Menschen ihre Sternzeichen benutzen, um ihr schlechtes Benehmen zu rechtfertigen, wie ›Tut mir leid, ich kann nicht anders, ich bin halt Skorpion‹.
Nein, Susan, du bist nur ein Biest!«

5 https://www.boredpanda.com/funny-zodiac-memes/

DER NETTE SCHÜTZE

SCHÜTZE

Zeitraum: 23. November bis 21. Dezember
Element: Feuer

Positiv:
Aktiv, aufrichtig, begeisternd, beweglich, dynamisch, direkt, ehrlich, energisch, extrovertiert, fair, feurig, freiheitsliebend, freizügig, fröhlich, großzügig, heiter, idealistisch, inspirierend, intelligent, intuitiv, lebensbejahend, neugierig, offen, optimistisch, philosophisch, schlagfertig, selbstbewusst, sorglos, spontan, überzeugend, unterhaltsam, vielseitig, wahrheitsliebend, weitblickend, weltoffen, wissensdurstig und zielstrebig.

Negativ:
Angeberisch, belehrend, egoistisch, eigensinnig, fanatisch, großspurig, hochstaplerisch, maßlos, missionarisch, realitätsfremd, reizbar und scheinheilig.

Das reizendste Feuerzeichen ist für mich eindeutig der Schütze. Das Klischee des netten Schützen habe ich sehr oft bestätigt erlebt: Schützen sind oft »easy to get along«, wie Walter Mercado sagen würde (mucho mucho amor an meine Schützen-Freunde!). Oft fällt einem allerdings auch kein zweites Adjektiv ein, sodass Schützen für mich schon ab und zu ein bisschen eigensinnig, missionarisch oder reizbar sein dürfen, damit sie in einem Raum voller Feuerzeichen-Kollegen (wie Löwen und Widder) überhaupt auffallen. Bei einer Gala mit

Madonna und Mariah Carey *muss* Taylor Swift also ab und zu durchaus mal laut genervt sein, damit sie die anderen Feuer-Pop-Diven nicht vom roten Teppich fegen.

Bei Schützen ist Musik drin: Zwei meiner deutschen Lieblings-Musicalkomponisten, mit denen ich oft und gerne arbeite, sind Schützen. Thomas Zaufke und Marian Lux sind die nettesten (da ist es wieder) und harmoniefähigsten Teammitarbeiter, die trotz ihrer Hochbegabung nie ausfällig werden. Mit beiden habe ich schon zu später Stunde hart gearbeitet, und nie waren sie genervt. Die Zusammenarbeit mit ihnen ist immer leicht, fröhlich und trotzdem hochprofessionell. Kein Divagehabe, kein Drama, the Schütze simply does the job.

Dass das Wort »nett« für mich sowieso das größte Lob ist, habe ich ja schon öfter beschrieben, und sein schlechter Ruf – gerade in Deutschland (»Nett ist die kleine Schwester von scheiße.«) – ist für mich immer noch jeden Tag ein Grund, mich aufzuregen. Wenn wir alle in diesem Lande etwas netter zueinander wären, gäbe es bei uns auch mehr *Dolce Vita* und *joie de vivre* und weniger Mikroaggression. Wie einfach wäre die Welt, wenn nur noch Schützen und Fische an der Macht wären, ab und zu geerdet durch eine sortierte Jungfrau oder einen inspirierenden Wassermann. Nun gut … Stalin, Ted Bundy und Pablo Escobar waren auch Schütze. Muss da wohl am Aszendenten liegen.

Hape Kerkeling ist für mich hingegen wieder so ein typischer netter Schütze und eine pure Freude in der Zusammenarbeit. Als ich damals als Show-Autor den Traum hatte, seinen Film »Kein Pardon« in ein Musical zu verwandeln, bedurfte es eigentlich nur eines langen Mittagessens. »Dann mach das doch«, hieß es beim Dessert, nachdem ich ihm meine Vision von einer Showtreppe voller steppender Glückshasen ausgemalt hatte ...

So einfach kann das Go für ein Riesen-Show-Projekt sein, das zwei Jahre später für achtzehn Monate acht Shows die Woche über die Bühne des Düsseldorfer Capitol Theaters tanzen sollte und heute noch in Leipzig und auf Tour spielt – *wenn* ein netter Schütze am entscheidenden Hebel sitzt. Eigentlich ist doch auch Hapes gesamte Arbeit eine Olympiade der Nettigkeit! In seiner ganzen Karriere hat er es geschafft, nie zynisch oder vulgär oder zu laut zu sein, er ließ seine Mitspieler*innen und Gäste immer gut aussehen und machte sich selbst liebevoll zum Affen – angefangen bei »Hurz!« bis »Club Las Piranjas«. Er wird genau wegen seiner Nettigkeit so geliebt und ist deshalb im grummeligen Deutschland zu Recht ein absoluter Lichtblick und Superstar. So fröhlich und nett und freundlich können nur Schützen sein!

Schütze Zaufke schrieb damals Teile der Musik von »Kein Pardon – Das Musical« und unterfütterte den Pop- und Rock-Score von Achim Hagemann mit klassischen Broadway-Musical-Klängen. Die große Ballade von Peter Schlönzke »Kumpel Nummer Eins« von Zaufke/Hermanns brachte mich schon bei den Voraufführungen immer zum Weinen. Der nette Schütze drückte dem Wasser-nahen Fisch die Hand – alles okay. Bei der Nummer »Mein Sohn ist im Fernsehen« von Mutter Hilde Schlönzke hakte bei den Previews bei jeder zweiten Show die Drehbühne. Auf der Bühne sollten die vier Jahreszeiten durchtanzen: Blinkende Weihnachts-Deko wechselte sich im »Schlönzkes Schnittchen-Service«-Laden mit Osterglocken ab, Tänzer*innen in Wintermänteln zogen sich rasend schnell um und trugen plötzlich bunte Frühlingshemden – alles im fröhlichen Tempo der Drehbühne. Doch die drehte sich nicht. Schütze Zaufke gab Fisch Hermanns nachher einen Schnaps aus. Was man in Momenten der Krisen braucht, sind nette Schützen.

Auch wenn man sich die Weltstar-Schützen anschaut, wittert man diese Nettigkeit. Beim Ehestreit von Zwilling Angelina Jolie und Schütze Brad Pitt stehe ich klar auf einer Seite. Ich weiß einfach, welches Sternzeichen im Scheidungskrieg das anstrengendere war – und ich darf das sagen als Aszendent Zwilling. Es kann durchaus sein, dass Brad zu viel getrunken hat, weil ihm sonst nichts anderes mehr einfiel, aber er ist und bleibt doch wirklich eines der nettesten Gesichter in Hollywood (böse Brad-Pitt-Ausraster in der Öffentlichkeit: schwer zu finden). Und auch die fantastische Jane Fonda, die bis heute in der tollen Sitcom »Grace and Frankie« Frohsinn verbreitet, ist für mich ein Beispiel für positiv gelebtes Super-Schützentum. Ich durfte für sie bei der »Goldenen Kamera« arbeiten, und ihr von mir geskripteter Auftritt am Anfang der Show führte gleich zu den ersten Standing Ovations des Abends. Fische und Schützen zusammen – das klappt! Selbst die oft schlecht beratene und fehlgeleitete Britney Spears wirkt ja nie gemein oder bösartig. Eher nett, aber ein wenig wirr. Bei den guten Schützeeigenschaften ist sie optimistisch und unterhaltsam, bei den schlechten realitätsfremd (aber nie toxic – außer sie singt das Lied). Ich bin übrigens heute noch froh, dass Löwin Madonna Schützin Britney beim Duett »Me Against the Music« nicht gefressen hat. Das ganze Video ist ein Powerplay der hier mal wieder kurz lesbisch agierenden Madonna, die im Club auf der oberen »Boardroom«-Etage zwischen gelangweilt rauchenden Männern sitzt, und der sich im Keller mit dem Plebs wund tanzenden Britney, die

Chefin Madonna dazu bewegen will, die »control« zu verlieren. Nach vier Minuten harter Tanzarbeit der fleißigen Schützin Britney und einer merkwürdigen Sequenz, in der Madonna in einem Betonraum durch Herbstlaub schaukelt (Warum? Because she can! Oder ein fieser kleiner Skorpion-Seitenhieb des Videoregisseurs zum Altersunterschied der beiden Stars: ... die Herbst-Lustschaukel der Madame M.), drückt Madonna Britney im letzten Moment schließlich an die Betonwand, um sie zu küssen... Die nette Britney ist natürlich dazu bereit und schürzt die Lippen. Doch Löwin Madonna kichert nur und verschwindet. Denn wie immer geht es nur um die Löwen-Herrschaft über die ganze Welt. Und über die kurzzeitig unkontrollierten Schützen.

Deshalb: Seien Sie immer gut zu den netten Schützen in Ihrer Nähe! Sie machen uns das Leben leichter, sie bringen Musik und gute Unterhaltung in unsere Welt, und friedlicher KANN ein Feuerzeichen nicht sein! Hug a Sagittarius today! Schützen sind spitze!

WENN DER STEINBOCK BOCKT

STEINBOCK

Zeitraum: 22. Dezember bis 20. Januar
Element: Erde

Positiv:
Ausdauernd, beharrlich, belastbar, bodenständig, diszipliniert, ehrgeizig, ernst, geduldig, gradlinig, gründlich, grundsatztreu, hartnäckig, ideenreich, klug, konservativ, konzentriert, ordentlich, pflichtbewusst, realistisch, sachlich, selbstkritisch, strategisch, traditionsbewusst, treu, verantwortungsbewusst, vernünftig und vorsichtig.

Negativ:
Autoritär, engstirnig, kontrolliert, pedantisch, pessimistisch, starrköpfig, steif, trocken, überstrukturiert, unerbittlich, ungesellig und unnahbar.

Schon die positiven Eigenschaften des Steinbocks lösen bei mir als Fisch nicht gerade Freudensprünge aus. »Ordentlich, pflichtbewusst, realistisch« – das hört sich für mich nicht nach einer wirklich tollen Party an. Der Steinbock klingt wie der Beamte am Himmel und sehr, sehr deutsch. Einen Steinbock würde ich wahrscheinlich am liebsten als Steuerberater haben – aber als Liebhaber? »Strategisch, vernünftig und vorsichtig«? Keine heiße, leidenschaftliche Nacht.

Für mich als Fisch ist dieses Sternzeichen erst einmal ein absoluter Antipode. Auch insgesamt bei Astrologie-Interessierten hat der Steinbock grundsätzlich eher einen schlechten Ruf, sogar bei den Steinböcken selbst. (Das liegt aber sicher auch daran, dass die Gruppe der Astrologie-Interessierten zu 89 Prozent aus Wasser- und Luftzeichen besteht. Dazu müsste man mal eine Umfrage machen ... Oder eine Markterweiterung: »Horoskope nur für Erd- und Feuerzeichen: skeptisch, knackig, kurz.«)

Und trotzdem habe ich überraschend viele Steinböcke und -böckinnen in meinem Freundeskreis, weil der flüchtige Fisch vielleicht doch ab und zu sehr dringend einen erdigen Steinbock braucht. Besonders im Job: Viele meiner engen, kreativen Arbeits-Freundschaften sind mit Steinböcken, weil da das Belastbare und das Disziplinierte natürlich besonders wichtig sind. Gerade beim verträumten Fisch. Hier fünf Beispiele:

1. Der Steinbock mit dem perfekten Ohr: Mit meinem Freund Veit schneide ich seit 1985 (!) die Musik für Shows zusammen! Seine Steinbock-Gründlichkeit hat so manche wilde Shownummer erst möglich gemacht. Lange und harte Stunden im Tonstudio führen dann zwar zu glitzernden Momenten auf der Bühne, aber erst einmal braucht man sehr viel bockige Gründlichkeit.
2. Der Steinbock mit der perfekten Dispo: Mein Freund Thomas arbeitet mit mir seit der Eröffnung des »Quatsch Comedy Clubs« 2002 in Berlin eng zusammen an den Live-Shows als Producer. Auch er vergisst kein Detail, löst jedes Problem asap und ist dabei getreu seinem Zeichen immer »klug und verantwortungsbewusst«.

3. Der Steinbock auf der Musical-Bühne: Mit meiner Freundin Iris, die eine großartige Musicaldarstellerin ist, habe ich schon viele Shows gemacht, besonders »Kein Pardon – Das Musical« und ihre eigene One-Woman-Show »Kiez Diva«. Iris ist immer perfekt vorbereitet für die Probe, text- und tonsicher, arbeitet stets hart und konzentriert und ist ein absoluter Profi. Dabei achtet sie auch sehr auf gerechte Arbeitsverhältnisse – das typisch Steinbock-„Gradlinige« passt da wieder ganz genau.

4. Meine Freundin Christine ist Top-Journalistin und extrem fleißig. »Gründlich« und »sachlich« bis ins letzte Komma, steht sie sich oft selber fast im Wege vor lauter Fleiß. Es gibt keinen Schmu bei einem Steinbock, der schreibt! Keine Füllwörter. Auf gar keinen Fall. Niemals nicht.

5. »Ausdauernd, beharrlich, belastbar« muss man wahrscheinlich in jeder Karriere sein, aber als Popstar sicher noch mehr als anderswo. Mein Freund, der Sänger Sasha, hat es sicher auch wegen seiner Steinbockeigenschaften geschafft, so lange erfolgreich im Geschäft zu sein. Von seiner »One-Man-Boygroup« der 90er über Dick Brave und Swing bis zum Pop-Allrounder der Jetztzeit war sicher viel erdige Steinbockkraft vonnöten, um in dem schwirrenden Showgeschäft zu überleben und sich weiterzuentwickeln. Auch er ist bei jeder Probe auf den Punkt vorbereitet und setzt seine Goldkehle immer zielsicher ein. Bock-Pop!

Dazu kommen im Freundeskreis noch hochbegabte Kostümdesigner*innen, Sänger*innen, Agent*innen und, und, und … Im Dezember und Januar darf ich viel gratulieren. Anscheinend ist es für eine Karriere gerade im deutschen Showgeschäft hilfreich, wenn sich zum flüchtigen Talent noch der gründliche Steinbock in die Durchführung dazugesellt.

Was aber machen nun all diese »geduldigen, gradlinigen, gründlichen und grundsatztreuen« Böcke, wenn ihnen mal etwas nicht passt? Wenn ihnen irgendetwas zu diffus ist, zu chaotisch oder zu wenig professionell? Nun, dann bocken sie. Und zwar richtig. Ich könnte wirklich bei allen meinen Steinbock-Freundinnen und -Freunden diesen Blick malen, wenn ihnen etwas nicht passt. Sie schauen dann haargenau so drein wie ein Bock, dem gerade ein rosa Tutu angezogen werden soll. Der Blick sagt: Das geht gar nicht. Und das wird auch nix. Und da brauchen wir gar nicht weiter drüber nachdenken. Wenn es dem Steinbock nicht passt, bleibt er stehen, und keine Leine der Welt kann ihn bewegen oder herumziehen. »Störrisch« fehlt für mich oben noch bei den negativen Eigenschaften, ist vielleicht ja aber eine Mischung aus »starrsinnig« und »steif«. Wenn es dem Esel zu bunt wird, geht er aufs Eis – wenn es dem Steinbock zu blöd ist, bleibt er einfach stehen. Und guckt so. Außer er ist etwas betrunken, da kann er oder sie auch mal lauter bocken – also seiner oder ihrer Meinung starkes Gehör verschaffen. Beim betrunkenen Steinbock muss man darauf achten, auf der guten Seite zu landen oder zu bleiben. Denn Hörner hat er/sie ja auch …

Zurück zur Party: Es ist wahrscheinlich nicht wirklich einfach, nur mit den Böcken Markus Söder und Christian Lindner ekstatisch zu feiern, ohne noch einige ausgleichende Luft- und Wasserzeichen einzuladen. Und auch bei der ewigen ProSieben-Frage, ob man nun mit Joko oder mit Klaas feiern will, tendiere ich weg vom Steinbock Winterscheidt hin zur Jungfrau Heufer-Umlauf (Wie wohl seine Regale aussehen?).

Der berühmteste Steinbock ist sicherlich Jesus, und da passt doch einiges sehr gut: Alle positiven Steinbock-Eigenschaften (siehe oben) braucht man wahrscheinlich, um eine Religion zu gründen. Und auch von den schlechten sind vielleicht einige notwendig, zum Beispiel »autoritär, kontrolliert, überstrukturiert«. Aber ein lustiger Sketch wäre sicher die Gruppentherapiesitzung mit Jesus und seinen Jüngern – die natürlich alle Astrofans sind – am Ende einer harten Arbeitswoche:

Jünger:
»Du warst super diese Woche, aber wieder etwas zu engstirnig, pedantisch, unerbittlich …«

Jesus:
»Leute, ich muss hier was leisten. Das geht nicht nur mit guter Laune.«

Jünger:
»Aber geht es nicht etwas nahbarer? Oder geselliger?«

Jesus:
»Wir sitzen hier doch schön zusammen. Und *nahbar* ist nicht so einfach – als Sohn Gottes.«

Jünger:
»Nee, typisch Steinbock eben – starrköpfig, steif, trocken! Und so pessimistisch!«

Jesus:
»Ich glaub halt oft, es geht nicht gut aus. Lasst mich alle in Ruhe!«

Jünger:

»Jetzt guckt er wieder bockig. Sag mal, Jesus, was ist eigentlich dein Aszendent?«

Bei den Ängsten des Steinbocks stehen übrigens »als Flop angesehen werden« und »seine Ziele nicht erreicht zu haben« auf derselben Stufe wie »Intimität in der Beziehung« (passt auch alles wieder zu Jesus) – aber das nur als Tipp, wenn Sie mal nicht mit einem Steinbock arbeiten, sondern ausgehen wollen. Dafür sind die Böcke in der Sexualität sehr dominant. Und haben ja auch den Blick dazu. Gerade bei Steinbock Marlene Dietrich kann man meiner Meinung nach sehr gut sehen, wie der Blick des Steinbocks mit dominanter Erotik verbunden wird ...

»Wie man den Einfluss der Sterne abstreiten kann,
geht über mein Fassungsvermögen.«

Marlene Dietrich

So.

SEX UND DIE STERNE

Nachdem wir jetzt schön alles über die Grundeigenschaften der einzelnen Sternzeichen gelernt haben und auch diverse Prominente den einzelnen Zeichen zuordnen können, geht es nun um die Frage, die Sie sicher beim nächsten Astrospiel am Tresen am allermeisten interessiert: Wie sieht es denn mit den sexuellen Fähigkeiten, Neigungen, Tendenzen der einzelnen Zeichen aus? Gibt es da Berichtenswertes? Kann ich bestimmte Zeichen aktiv ansteuern (ja, liebe Feuerzeichen) und andere direkt nach Hause schicken (nein, liebe Luftzeichen, erst einmal gucken)? Ich habe lange recherchiert und die Ergebnisse mit meinen eigenen Erfahrungen abgeglichen. Das heißt, meine Aussagen betreffen logischerweise eher die Herren im Spiel. Aber mal ehrlich: Die Gruppe der Nicht-Frauen und nicht-schwulen Jungs, also schlicht der heterosexuellen Männer, die dieses Buch lesen, ist sicher übersichtlich (aber modern und interessant!) ... Also, Mädels, let's talk about sexy stars!

Natürlich wird es niemanden überraschen, wenn ich bei mir anfange und feststelle, dass FISCHE sexuell sehr fähig sind. Das habe ich ja auch schon im Grundkapitel des Zeichens ausgeführt, aber ich möchte noch einmal erklären, warum: Fische können sich ja im Grunde alles vorstellen, und das ist – meiner Erfahrung nach – eine sehr gute Basis für gute Sexualität. Erst einmal nichts ausschließen und sich alles anhören, was die Wünsche des Partners oder der Partnerin betrifft (nicht einfach aufs Bett knallen und losackern, liebe

Löwen!). Ich bin in meiner gut gelaunten Kurtisanenkarriere wirklich oft von den Vorstellungen meiner Sexualpartner überrascht worden, die sie offen aussprechen durften, weil ich sie als Fisch dazu ermutigte. Es gibt ja wirklich nichts, was es nicht gibt, aber selbst ich war zum Beispiel sehr überrascht, wie stark fetischisiert ich als Deutscher in der New Yorker Schwulenszene wurde, als ich dort wohnte. Ich lebte 1988/89 in NYC, zu meiner sexuell aktivsten Phase also, und sah nun wirklich nicht aus wie »der Deutsche« im Hollywood-Klischee: also blond, muskulös und blauäugig. Und trotzdem merkte ich bei einigen meiner Affäretten (Affärette: sexueller Kontakt unter dem Status einer Affäre), dass in ihren Köpfen der Arier in mir gefragt und gesucht wurde. Wie Til Schweiger in Hollywood, wurde ich eigentlich heimlich oft für den Nazipart gebucht, was nun wirklich erst einmal unangenehm, überraschend und dann ziemlich schwere Arbeit ist. Jenseits der moralischen Dimension. Aber dem Fisch ist ja nix Menschliches fremd und nichts Fremdes unmenschlich, also versuchte ich, beim Sex ab und zu etwas strenger zu gucken oder mich etwas zu strecken, um zwei Zentimeter Gardemaß auf der Matratze dazuzugewinnen. Meistens hielt ich das aber nicht lange durch: Deutschsein im Klischee ist oft einfach zu anstrengend. Aber das Ganze gipfelte in einer Nacht mit einem sehr hübschen und sympathischen jungen Mann (Krebs), der es offenbar bei subtilen Hinweisen nicht beruhen lassen wollte. »Talk German to me!«, keuchte er mir ins Ohr, und jetzt war ich wirklich im Stress. Welchen deutschen Satz wollte er wohl am liebsten hören? Erst einmal fielen mir in der Situation nur passende Köln-Sätze ein. Die berühmten Kölschen Leitsätze »Et hätt noch immer jot jejange« oder »Et kütt wie et kütt« passen ja eigentlich immer gut zum Sexualakt, aber ich ahnte wohl bereits, dass mein Partner etwas

Martialischeres hören wollte. Also entschloss ich mich spontan zu einem lauten »Schweinsbraten, Schinkenspeck, Kartoffelsalat!«, damit wir zumindest im allgemeinen Rahmen der Sinnlichkeit blieben. Und siehe da – er seufzte auf und war sehr glücklich. Der Kunde ist König.

Dieses aufgeschlossene Fische-Vorgehen wird von meinem Zwillingsaszendenten natürlich noch unterstützt. Zwillinge sind, sexuell gesehen, experimentierfreudig und extrovertiert – das heißt, da kommt zu der Vorstellungskraft der Fische auch noch so ein bisschen sexuelles Versuchslabor dazu. Auch das kam mir in New York eines Halloweenabends zugute, als ich in meinem Zebra-Minikleid (ja, das von der Madonna-Party!), aber dieses Mal mit langen blonden Haaren durch die Nacht stöckelte und so anscheinend wieder mal sehr »deutsch« rüberkam: aber eher Typ Elke Sommer (die jeder in New York kennt!) als Walhalla Siegfried. Halloween ist in den USA ja immer ein absoluter Höhepunkt, und gerade in New York gab es an diesem Feiertag die besten Outfits und die besten Partys – und auf einer solchen mit ziemlich lauter Discomusik lernte ich einen jungen Mann kennen, der als sehr betrunkener, blutiger Weihnachtsmann verkleidet (zwei Kostüme in einem!) war. Er gab mir ein Getränk nach dem anderen aus und hatte offensichtlich ein Auge auf das »German Fräuleinwunder Elke Summer« geworfen. Da er sehr hübsch war und ich deshalb in diesem Falle sehr gerne an den Weihnachtsmann glauben wollte, ließ ich mich bereitwillig auf sein Betrunkenheitslevel ziehen und wartete auf Avancen. Und die ließen auch nicht lange auf sich warten: Er schaute mir immer tiefer in die Augen und brüllte über die Musik hinweg schließlich etwas davon, dass ich mit zu ihm kommen sollte und dass sein Girlfriend nicht zu Hause wäre …

Sein Girlfriend? Kurz überlegte ich, ob das ein Euphemismus unter schwulen Männern für beste, aber nicht sexuell verbandelte Freunde war, aber dann redete er weiter von »ihr« und dass »sie« über Halloween auf einer Reise zu »ihren« Eltern nach San Francisco war. Mir dämmerte es allmählich. Gott sei Dank war ich auch noch zwei Tequila hinter ihm und zählte auf einmal alles zusammen: Die Party, auf der wir waren, war von der sexuellen Orientierung her wild gemischt, wegen der lauten Musik hörte er meine tiefe Stimme wohl nicht wirklich, und insgesamt war er auch schon so betrunken, dass ihm mein gut überschminkter Adamsapfel (ich trug wirklich ein tolles Make-up an dem Abend!) weniger aufgefallen war als meine langen Beine. Der blutige Weihnachtsmann war hetero.

Und war quasi kurz davor, in das zu tappen, was wir weltläufigen Menschen den »Rio Dreisprung« nennen: »Da war diese schöne Brasilianerin … und dann gingen wir nach Hause … und dann war sie keine.« Ich fühlte mich geschmeichelt. Elke lächelte fräuleinhaft. Und überlegte fieberhaft, ob sie dem Weihnachtsmann nun wirklich im Umkehrschluss den Glauben an sich nehmen sollte.

Nun, der Rest der Geschichte bleibt privat. Wir erinnern uns nur noch einmal an die Sternenkombi: Der Fisch, der sich alles vorstellen kann, und der experimentierfreudige Zwilling … Happy Halloween!

Hier kurz und knapp zum Auswendiglernen die sexuellen Attribute der einzelnen Zeichen. Bitte gut lernen, ich frage später ab! Also:

WASSERMANN: Offen und unkonventionell. (Ach, die Luftzeichen …)

FISCHE: Aufmerksam und romantisch. (Aufgeschlossen und sehr gut im Bett!!!)

WIDDER: Animalisch. Einfallsreich. (Mariah privat.)

STIER: Sinnlich. Dominant. (Ich weiß, ich war dabei ...)

ZWILLING: Experimentierfreudig und enthemmt.

KREBS: Intuitiv. Intim. (Planet Sensibel!)

LÖWE: Leidenschaftlich. Wild. (Wer hätte es gedacht? Grüße an Madonnas Ex-Partner*innen, von Sean Penn über Sandra Bernhardt und Warren Beatty bis Tony Ward und Guy Ritchie.)

JUNGFRAU: Gründlich. Gebend. (Jawoll!)

WAAGE: Kreativ. Abenteuerlustig. (All die vielen möglichen Schalen ...)

SKORPION: Intensiv. Von der Norm abweichend. (Aber Vorsicht, er vergisst keinen schlechten One-Night-Stand!)

SCHÜTZE: Dynamisch. Beschwingt. (Hallo, Komponisten!)

STEINBOCK: Dominant und extrem. (Plus den bockigen Blick ...)

Also jetzt, liebe Leserinnen und Leser, sind Sie wirklich schon tief drin im Thema ... Und bereit für das Endspiel.

DAS FINALSPIEL.
DER PARCOURS DER STERNE!

Also, Sie sind auf einer Party oder in einem Lokal an der Bar. Sie sehen jemanden, der/die Ihnen grundsätzlich gefällt. Sie kommen ins Gespräch, und alles läuft ganz gut ... Und jetzt kommt Ihr verboten gutes neues Wissensgebiet! Sie haben das Buch gelesen, Sie sind von mir mit meinen Erfahrungen, Einschätzungen und Erlebnissen mit und zu allen möglichen Sternzeichen gefüttert worden. Sie sind IN THE KNOW! Sie sind Elizabeth Teissier oder Walter Mercado für einen Abend! Wie gehen Sie jetzt am besten vor, um den Abend optimal ausklingen zu lassen?

SCHRITT 1:
DIE FRAGE DER FRAGEN

Als Allererstes müssen Sie nun über Ihren intellektuellen und kultivierten Schatten springen und die Grundsatzfrage stellen. Es führt leider wirklich kein Weg daran vorbei. Es braucht Mut und/oder Alkohol. Es ist der Eisbrecher oder schon das Ende des Spiels. Sie müssen fragen: »Sag mal, interessierst du dich eigentlich für Sternzeichen?«

Es fühlt sich sicher erst einmal schrecklich an, wie ein Mini-Coming-out als irrationaler Idiot. Es könnte wirklich die dümmste Anmache aller Zeiten sein. Aber: Sie kennen sich ja aus! Sie haben *dieses* Buch gelesen! Sie sind ein PLAYER! Also verzweifeln Sie nicht – gleich werden Sie mit fundiertem Halbwissen und einer lustigen Mariah-Carey-Anekdote punkten können! Und vor allem: Gleich werden Sie schon ein

105

erstes Gefühl dafür bekommen, wo der Abend, die Nacht, die Beziehung, die zukünftige Ehe hingehen wird. Denn jetzt kommen wir an eine Gabelung.

SCHRITT 2:
LINKS ODER RECHTS

Es gibt auf die Frage der Fragen eigentlich nur zwei extrem unterschiedliche Antworten, und beide machen schon sehr deutlich, wo die Reise hingeht.

Erste Antwort: »Also, an so was glaub ich überhaupt nicht.« Zweite Antwort: »Total!«

Dazwischen liegt nach meiner Erfahrung fast nie jemand. Bei den gefühlten zehntausend Malen, die ich diese Frage gestellt habe, haben vielleicht zwei Gegenüber so etwas gesagt wie »Eigentlich glaube ich nicht daran, finde es aber grundsätzlich interessant, und endlich treffe ich mal jemanden, der sich auskennt«.

Oder: »Ich bin der totale Astrologie-Freak, aber gerade heute habe ich gar keine Lust, darüber zu sprechen.«

Nein, es ist in 99 Prozent aller Fälle ein klares Yes or No, Schwarz oder Weiß, und das eine Prozent ist natürlich – na, was haben wie gelernt? – Waage! Richtig. Und so kommen wir zu Schritt 3 ...

SCHRITT 3:
WIR RIECHEN DEN BRATEN

Ist die Antwort »An so was glaube ich gar nicht«, ist das Gegenüber wahrscheinlich ... Bitte ausfüllen:

_____

_____

Genau! Feuer- oder Erdzeichen, Löwe, Jungfrau, Widder, Steinbock oder Schütze ... oder, überraschenderweise, Skorpion!

Ist die Antwort »Total!«, haben Sie es mit welchem Zeichen zu tun?

Richtig, mit Wasser- oder Luftzeichen, Wassermann, Fische, Zwilling, Krebs, Waage, aber nicht Skorpion.

Was tun Sie nun?

SCHRITT 4:
DAS KALENDERCHECK-ARGUMENT

Sie versuchen, bei der Gruppe »Kein Interesse« das Kalendercheck-Argument zu ziehen. »Aber ist es nicht interessant, in welchen Monaten du vielen Freunden gratulierst und in welchen nicht?« Ein Argument, das sogar Astrophysiker verwirrt hat, klappt auf einer Party oder an der Bar auf jeden Fall. Außerdem überbrückt das charmant die nächsten fünf Minuten und das nächste Getränk, auch bei den abgeneigtesten Löwen. Die Gruppe »Ich liebe Astro auch« müssen Sie im Moment gar nicht bearbeiten. Aber jetzt kommen wir zur Hauptgabelung an der Straße des Glücks:

SCHRITT 5:
STERNEN-SPREU VOM WEIZEN TRENNEN

Jetzt müssen Sie Bilanz ziehen: Ein paar Astro-Skeptiker konnten Sie durch das Kalendercheck-Argument auf Ihre Seite ziehen, vielleicht nur momentan, aber immerhin. Andere sind immer noch nicht interessiert und versuchen, das Thema zu wechseln (bei Löwen: zurück zu sich selbst!). Und jetzt müssen Sie sich entscheiden: Wollen Sie weiter mit jemandem reden/flirten/charmieren, DER SICH NICHT FÜR ASTROLOGIE INTERESSIERT??? Nicht mal nachts, nicht mal mit Alkohol? Mit jemandem, der sich absolut nicht auf dieses supercharmante, super nice, superverspielte Terrain mit Ihnen begeben will? Einer Person, die ja klar zeigt, dass sie nicht fanatisch blöd oder stumpf esoterisch ist oder bei »Astro TV« arbeitet, sondern das ganze Thema leicht und lustig angeht? Als Petitesse vor dem Petting? Also *joie de vivre*? Ja oder nein?

Ich rate ab. Stellen Sie sich kurz vor, wie humorvoll und kreativ der eventuelle Beischlaf ausfallen würde? Der doofe Gag am Morgen danach: »Na, hab ich deine Sterne in eine gute Konstellation gebracht? Hast du meinen Aszendenten gespürt?« Man möchte es doch wirklich nicht. Ich weiß, dass damit eventuell so hübsche Skeptiker wegfallen könnten wie Colin Firth, Ken Duken oder Florian David Fitz … Aber es hilft ja nichts. Astro-Spaß macht sexy! Und wenn einer der oberen drei wirklich gar nicht in die Sterne schauen will – letzte Chance?

Der A_ _ _ _ _ _ _ _

Genau.

SCHRITT 6:
JETZT GEHT'S LOS!

Auf jeden Fall kommt nach dieser harten Klippe jetzt der eigentliche Spaß des Abends! Befeuert von diesem Buch und Ihren eigenen Astro-Interessen, kann man für die Gruppen »Sehr gerne!« und »Eigentlich doch nicht so blöd und interessant, das mit dem Kalender …« schon mal eine Flasche Schampus bestellen. Denn jetzt kann man debattieren und sich tiefer in die Augen schauen. Hier die Fragen für die erste halbe Stunde:

1. Und was ist dein Aszendent?
2. Du weißt deinen Aszendenten nicht? Komm, wir rufen deine Mutter an, wann genau du geboren bist!
3. Wie empfindest du das Spannungsfeld zwischen deinem Grundzeichen und deinem Aszendenten?
4. Gibt es ein Sternzeichen, das du lieber sein würdest?
5. Wusstest du, dass Madonna Löwin ist? Passt das nicht perfekt?
6. Beim Sex: eher dominantes Feuer oder sensibles Wasser als Partner* in?

Und dann geht es schon zügig voran. Sie können gerne alle meine Geschichten erzählen und im Handy noch zusätzliche Memes oder Twitter-Kommentare aufrufen, wie zum Beispiel:

»The annoying main character – Aries, Cancer, Leo, Libra, Sagittarius.
The lovable side character – Taurus, Virgo, Aquarius, Pisces.
The misunderstood villain – Gemini, Scorpio, Capricorn.«[6]

»Die nervige Hauptrolle: Widder, Krebs, Löwe, Waage, Schütze.
Die liebenswerte Nebenrolle: Stier, Jungfrau, Wassermann, Fische.
Der missverstandene Bösewicht: Zwillinge, Skorpion, Steinbock.«

6 https://twitter.com/btchrising

Oder:

»Let's be honest, the best gift you can give your Libra friends is the gift of telling them that they're hot.«[7]

»Ehrlich gesagt, das größte Geschenk, das du Waage-Freunden schenken kannst – sag ihnen, dass sie heiß sind.«

Und es wird immer schöner. Dann überleiten zu dem Thema, welches Sternzeichen am besten küsst. Und dann ziehen Sie sich noch einmal kurz aufs Klo zurück und reflektieren: Sie wissen jetzt, dass Ihr Gegenüber grundsätzlich lustig und geistig beweglich ist (Zwilling), vielleicht kann er/sie auch gut küssen (Fische, Wassermann, Krebs) oder hat eine dräuende Sinnlichkeit (Stier, na gut – Skorpion) – aber wenn es mehr werden soll als eine Nacht, stellt sich jetzt die Frage: Welche Zeichen passen LANGFRISTIG zusammen?

Zücken Sie zum letzten Mal dieses Buch und lesen diese meine finale These (abgeglichen mit Astro-Fans und dem Internet):

Sternzeichen **Wassermann:**
Passt: Wassermann, Waage
Passt nicht: Steinbock, Stier

Sternzeichen **Fische:**
Passt: Fische, Zwilling (und auch Jungfrau!)
Passt nicht: Löwe, Widder

---

7   https://twitter.com/astrologyroast

Sternzeichen **Widder:**
Passt: Schütze, Zwilling
Passt nicht: Fische, Steinbock

Sternzeichen **Stier:**
Passt: Krebs, Fische
Passt nicht: Löwe, Schütze

Sternzeichen **Zwillinge:**
Passt: Widder, Waage
Passt nicht: Jungfrau

Sternzeichen **Krebs:**
Passt: Skorpion, Stier
Passt nicht: Löwe, Wassermann

Sternzeichen **Löwe:**
Passt: Waage, Jungfrau
Passt nicht: Löwe, Krebs

Sternzeichen **Jungfrau:**
Passt: Widder, Löwe
Passt nicht: Zwilling

Sternzeichen **Waage:**
Passt: Zwilling, Skorpion
Passt nicht: Steinbock

Sternzeichen **Skorpion:**
Passt: Krebs, Steinbock
Passt nicht: Skorpion, Widder

Sternzeichen **Schütze:**
Passt: Schütze, Widder
Passt nicht: Steinbock, Fische

Sternzeichen **Steinbock:**
Passt: Jungfrau, Steinbock
Passt nicht: Waage, Wassermann

Und ist das nicht schön? Irgendwer passt immer zu irgendwem, wenn man sich nur genug hineinsteigert!

Und das wollte dieses kleine Buch beweisen – haben Sie Spaß mit der Astrologie! Haben Sie Spaß mit Ihren *guilty pleasures!* Feiern Sie die leichten, scheinbar unwichtigen und irrationalen Dinge des Lebens! Auch Sie, lieber Löwe!